Dagmar Lackner

Du bist dein eigenes Geschenk

Dagmar Lackner

Du bist dein eigenes Geschenk

Du hast die Wahl, in jedem Augenblick

Trainerverlag

Imprint

Cover image: www.ingimage.com

Publisher:
Der Trainerverlag
is a trademark of
International Book Market Service Ltd., member of OmniScriptum Publishing Group
17 Meldrum Street, Beau Bassin 71504, Mauritius
Printed at: see last page
ISBN: 978-620-0-76768-4

Ich widme dieses Buch meinen beiden Söhnen Daniel und Julian.

Ihr seid verankert in meinem Herzen.

Ich liebe euch!

Inhaltsverzeichnis

Begrüßung

Hallo!

Schön, dass wir uns begegnet sind.

Man könnte sagen, es ist als ob wir uns rein „zufällig“ im Kaffeehaus kennenlernten.

Nachdem es ja keine Zufälle gibt, sind wir uns also „zugefallen“.

Du hast dieses Buch also für dich auserwählt!

Es will wie ein lieber Freund für dich sein!

Unter Freunden duzt man sich. Deshalb will ich auch DU zu dir sagen und dich als meinen guten Freund oder meine gute Freundin herzlich willkommen heißen!

Schön, dass wir einander gefunden haben!

Es gibt so viel zu besprechen und zu erzählen!

Ich fange einmal an:

Wahrscheinlich hast du schon Bücher zum Thema positives Denken gelesen oder dir Vorträge von Motivationstrainern angehört.

Du hast an persönlichkeitsbildenden Seminaren teilgenommen und bist jedes Mal begeistert und energiegeladen heimgefahren.

Einführung

Die Zeit ist reif zum Umdenken! Wir stechen miteinander in einen Paradigmenwechsel.

Es gibt ausreichend Lektüre zu diesem Thema.

Vieles gelingt, manches kannst du umsetzen und oft denkst du:

„Jetzt weiß ich so viel über positives Denken, über die Gesetze des Universums, über alte Denk- und Verhaltensmuster, ..."

Du hast vieles bewältigt, du kennst viele bzw. unterschiedliche Techniken und trotzdem hängst du oft fest, steckst fest in alten Überzeugungen, in Zweifeln, bemühst dich und denkst dir ...... „Jetzt habe ich doch alles richtig gemacht" ... und doch .... wird's nichts mit deinem Herzenswunsch. ...... Festgefahren ...... denkst du, bist überzeugt, dass alles seine Richtigkeit hat .... Es MUSS gehen ..... und doch blockiert irgendwo irgendwas ....

Ein tiefer Seufzer ... du hängst fest .... verflixt!

Genau da reagiert das Leben eben genau auf deine Ausstrahlung .... Du wartest, dass etwas geschieht ... du schickst genau diese Schwingung aus und ziehst genau diese Ergebnisse .... (vielleicht das Gefühl, dass du in einer Warteschleife verharrst .... Ja, ich weiß wie sich das anfühlt....)

Du fühlst dich, wie wenn du in einem Flugzeug säßest, das in der Warteschleife über dem Zielflughafen kreist und keine Landeerlaubnis bekommt.

Wie kannst du nun diese Erlaubnis erlangen?

Dann hörst du von irgendjemandem: Du musst dich mehr lieben .... Es fehlt dir an „Selbstliebe"! Okay. Du betest dir täglich vor dem Spiegel „Ich liebe mich“ in allen Variationen vor. .... Aber du bist immer noch nicht bereit .... Es tut sich „NICHTS“!

Du denkst dir: Das hört sich ja alles easy an .... Machst alles richtig .... Doch .. wieder nichts. Du spielst mit dem Gedanken, dass du vielleicht doch alles beim Alten lassen solltest ... Weil .... Na so schlecht ist‘s ja auch nicht ..... oder doch?

Du denkst .... Was wäre wenn?

Im Grunde genommen ist es ja ganz einfach!

Uns wurde ein „Wegweiser“ in die Wiege gelegt, der uns genau sagt, was uns glücklich macht: ..... nämlich unser <u>Gefühl</u>! ......

Ja, so einfach ist das!

Hast du ein gutes Gefühl bei einer Sache, dann tut dies oder jenes gut, was dir begegnet oder was du tun willst, ...

Du kannst auch sagen „das gehört zu mir“!

- Da geht dann auch alles von (vom) selbst – Flow!
- Hast du aber ein schlechtes Gefühl, dann lässt du am besten die Finger davon! Weil dann ist es nichts für dich!

Oder du musst richtig viel Energie dafür aufwenden! Du machst dann einen Umweg ......

Egal ob das Erwünschte immer dein „Traum“ gewesen wäre ... spüre hin, wenn dir dein Gefühl kein Okay gibt, lass es sein.

Früher oder später kommst du drauf: Du hast viel Aufwand betreiben müssen und unter dem Strich ist nicht so viel dabei für dich heraus gekommen.

..... Es war nicht umsonst .... Du hast daraus Erfahrungen gesammelt.

„Gelassenes Akzeptieren der Zeit"

- Urvertrauen aufbauen
- Es ist immer für dich gesorgt.

Die meisten Menschen glauben, dass sie durch Dinge wie Wohlstand, Erfolg, erreichte Ziele, ...das Gute an Land ziehen.

Dabei ist es umgekehrt – nämlich die Emotionen von Glück und Liebe lassen es zu, dass Wohlstand auf allen Ebenen auf dich zukommt, dich findet.

Affirmation, positives Denken, ... sind wunderbare Werkzeuge, bist du allerdings nicht glücklich dabei, spürst du dabei nicht das erhebende Gefühl der Dankbarkeit, eben dieses erwünschte Ereignis bereits erreicht zu haben, es bereits „zu sein" – erreichen all diese Tools nicht den ersehnten Wirkungsgrad des Erfolgs!

Zu diesem Themenkreis gibt es bereits viel Literatur, wissenschaftliche Abhandlungen, interessante Erfahrungsberichte, unterhaltsame Schmöker decken die vielseitige Bandbreite für ein unterschiedliches Publikum ab.

Ich möchte in möglichst einfachen und für jedermann verständlichen Worten beschreiben, wie du zu einem für dich stimmigen Ergebnis deiner Wünsche kommst.

Manche werden sich ganz schnell erfüllen, bei anderen stößt du sicherlich auf hartnäckigen Widerstand!

Diejenigen, die sich relativ schnell bewahrheiten, sind die, an die du leicht glauben kannst.

Zu diesen Wünschen trägst du Glaubenssätze in dir, die dich unterstützen, dich weiterbringen. Es sind dies die Überzeugungen, die du schon oftmals erfolgreich erprobt und angewendet hast!

Andere Wünsche oder Ziele erweisen sich als hartnäckig, sie lassen sich nicht so leicht erfüllen! Hier tust du dich schon erheblich schwerer!

Vielleicht ziehen sich diese Wünsche schon wie ein roter Faden durch dein Leben.

Du erreichst immer wieder Teilziele oder manchmal heißt es „wieder zurück an den Start“!

Es sind dies die Ziele, Wünsche, zu denen du Überzeugungen tief in dir trägst, die dich blockieren, die dich immer wieder zweifeln lassen.

..... Und genau an diesen Zielen gilt es zu modellieren, zu feilen, etwas zu tun. Hier, genau hier bist du aufgefordert dran zu bleiben.

Zu diesem Punkt gibt es jede Menge Erfolgsgeschichten, die dir zeigen, dass „es“ möglich ist!

Erfolgsgeschichten zu allen möglichen Sparten. Sei es über Gesundheit, über Wirtschaft, im Berufsleben oder Sport! Ich bin überzeugt, dass dich die Erfolgsgeschichten finden, die dich interessieren.

Und eines kann ich dir versichern:

Wenn es bei einem Menschen klappen kann, dann kann es bei allen klappen!

Das Gesamtpaket Mensch wird nämlich meistens einwandfrei geliefert – aber häufig unsachgemäß bedient.

Diese Thematik, die vor 20 Jahren noch als Esoterik abgestempelt wurde, zieht uns immer mehr in unseren Bann!

Mittlerweile beweisen Universitäten, Institute, ... aus aller Welt ihre Richtigkeit.

Deine bzw. unsere geistige Vorstellungskraft rückt immer mehr in den Vordergrund.

Schon Gelehrte aus längst vergangener Zeit oder Wissenschaftler wie Albert Einstein wiesen schon immer darauf hin, dass die Verwirklichung unserer Wünsche in uns liegt ..... Wir gar nicht weit gehen müssen .....

„Logik bringt dich von A nach B.
Vorstellungskraft überallhin“
(Albert Einstein 1879 – 1955)

- Oder –

„Alles, was wir brauchen, ist tief in uns verborgen und wartet darauf, sich zu entfalten. Wir müssen nichts tun, außer still werden und uns Zeit nehmen, um nach dem zu suchen, was wir in uns tragen“ (Eileen Caddy)

Wie heißt es so schön:

Es ist unser Geburtsrecht glücklich zu sein!

Viele von euch werden jetzt genau in diesem Moment die Augen verdrehen und sich denken: ... Na, schon wieder diese Leier .....

Aber wieso nicht?

Wieso nicht gerade du!

Du bist einzigartig!

Du bist großartig, dich gibt es nur einmal auf der Welt!

Dein genetischer Cocktail wurde gemischt, um ein erfülltes Leben zu leben.

Und es gibt Menschen, die es nicht so gut wie du getroffen haben .... Sie haben es auch geschafft und haben sich aus dem Sumpf gezogen!

Jeder von uns hat ein wunderschönes Leben verdient, hat es verdient glücklich zu sein!

Jeder auf seine individuelle Art und Weise.

Wir haben es verdient glücklich zu sein, wir sind dazu bestimmt aus dem Vollen zu schöpfen, ein erfülltes Leben zu leben, all unsere facettenreichen Träume zu verwirklichen und zu leben.

Und das Größte dabei ist! –

Wir müssen nirgends hingehen, denn alles, was du gerne sein willst, alles, was du gerne tun und haben willst, ist in dir!

Die ganze Kraft ist in UNS! In DIR! In jedem von UNS!

Schau nicht so ungläubig!

Jeder deiner Gedanken ist ein Energiebündel von ungeheurer Kraft!

Jetzt bist du einmal aufgefordert, dir klar zu werden:

„Welche Gedanken denke ich immer wieder?“

„Was geht mir immer wieder durch den Kopf?“

„Was wälze ich oft hin und her?“

Meist kreisen unsere Gedanken über Dinge, die uns beschäftigen, - Probleme tauchen auf.

„Innere Dialoge“ befassen sich mit unserem Alltag.

Ja, und wenn du ganz ehrlich bist:

Wie viele dieser deiner Gedanken sind 100 %ig positiv?

Und da meine ich, welche Gedanken erzeugen bei dir ein wirklich, WIRKLICH angenehmes Gefühl?

Wie viele euphorische Gedanken machen dich täglich glücklich?

Super wäre es, genau diese euphorischen Gedanken festzuhalten.

Na, waren es viele?

Du kommst nämlich bald darauf, dass es nicht so viele davon gibt .... SORRY .... das sind die Tatsachen........

..... aber glaube mir, damit bist du nicht alleine. Den meisten deiner Mitbürger geht es so!

Unser Denken dreht sich um Alltagsroutine, um berufliche oder private Probleme, wo wir Lösungen suchen: z.B.

Wie gelange ich am schnellsten von daheim zum Arbeitsplatz, alles muss effizient und möglichst schnell erledigt werden ....

Die Familie fordert auch ihren Tribut ...

... ein Sog aus Verpflichtungen lässt uns gar nicht auf den ersten Blick erkennen, dass wir fest in unserem Hamsterrad immer wieder auf der Stelle laufen – manchmal schneller, manchmal langsamer ....

Pfff! Bis uns irgendwann die Puste ausgeht.

Schleichen sich dann Stress und in weiterer Folge Nervosität, Schlafstörungen, Hautreizungen, ... ein, dann wird mit Tabletten oder anderen „Unterstützern" unser System am Laufen gehalten!

Die innere rote Warnblinkleuchte blinkt schon ziemlich heftig!

Du weißt es .... doch oft wird es ignoriert oder totgeschwiegen.

… Aber ganz ehrlich:

„Wenn bei deinem Auto die Ölkontrolllampe aufleuchtet, fährst du ja auch nicht weiter. Du wendest dich an jemanden, der dir hilft! Noch besser wäre es zu achten, dass alles „wie geschmiert läuft“!

In deinem Fall brauchst du gar nicht weit gehen – nur immer wieder hin spüren.

„Tut mir dieses oder jenes gut?“

Wenn nicht, gibt es sicher eine Lösung!

Sei kreativ!

Und hier wollen wir ansetzen …..

Wenn du willst, lade ich dich ein, das herauszupicken, was für dich maßgeschneidert ist!

Das Beste an dieser ganzen Geschichte ist nämlich:

Ganz egal, wie dein Leben bis jetzt war, du kannst SOFORT Einfluss darauf haben!

Vielleicht gefällt dir vieles nicht, überlege mal:

„Welche Überzeugungen trage ich in mir?“

Diese Überzeugungen haben eine gewaltige Kraft – positiv wie negativ!

Alles, was ich denke, sendet eine bestimmte Energie aus …. Eine bestimmte Frequenz … und genau diese eine bestimmte Qualität ziehe ich auch an wie ein Magnet.

Du kannst dir das so vorstellen wie wenn du einen Radiosender einstellst. Jeder Kanal sendet auf einer bestimmten Frequenz ... wählst du diesen Sender .... hörst du sein Programm.

Das funktioniert wunderbar! So werden wir täglich mit Musik, Nachrichten, Werbung, ... unterhalten!

Genauso läuft es aber auch mit deinen Gedanken, mit deinen Stimmungen und vor allem mit deinen Gefühlen.

Gefühle spielen eine große Rolle!

Du kennst das sicher auch .....

Manchmal läuft alles wie geschmiert.

Es gibt Zeiten, da klappt einfach alles .....

Du bist gut drauf, hast gute Laune, trällerst ein Liedchen vor dich hin!

An diesem Spruch: „Wenn's läuft, dann läuft's!"

Da ist was dran!

Emotionen der Leichtigkeit, der Freude und im Weiteren gesellen sich Erfolg und Spaß dazu.

Du sprichst auch genau in dieser Stimmung über den guten Verlauf deines Lebens, erzählst deinen Freunden und Kollegen, was nicht alles Schöne und Tolle gerade in deinem Leben passiert.

Nur so nebenbei:

DU SENDEST DIE ENERGIEFREQUENZ VON FREUDE, ... aus ..... und nach dem universellen Gesetz der Resonanz MUSS sich auch <u>Positives</u> in deinem Leben einfinden.

Denn du bist der MAGNET deiner Gefühle und Überzeugungen.

Blöd ist nur: Genau jetzt kommt jemand daher, der nicht so gut drauf ist wie du. Den keine „Gute-Laune-Aura“ umgibt ..... der dir vielleicht sogar ein bisschen deine Erfolgs- und Glückswelle neidet. Dem wahrscheinlich gerade nicht alles so gut läuft wie bei dir ... Möglicherweise fragt er dich auch noch: „Na, was glaubst du, wie lange deine Glückssträhne noch hält?“

Er hat dir gerade den „Samen des Zweifels“ gesät.

Und der Zweifel nistet sich ein ... „Na ja .... er hat ja recht ..... es ist ja wirklich fast unwirklich dieser Erfolg!“

Und .... ZACK ..... plötzlich sendest du deinem Gefühl der Freude auch ein Gefühl von Zweifel aus. Das Gefühl von Zweifel hat eine viel niedrigere Energiefrequenz als Freude .....

Tja .... da klappt natürlich auch das Resonanzgesetz ... Du kannst dir ungefähr vorstellen wie es weitergeht!

Deine Erfolgsserie wird bald zu Ende sein!

Oder nicht mehr so leicht von der Hand gehen!

Du musst dir immer bewusst sein:

„DU ERSCHAFFST DIR DEINE WIRKLICHKEIT!“

Damit du das ein wenig besser verstehen kannst, will ich dir einen klitzekleinen Einblick in die „Quantenphysik“ – sozusagen für den Hausgebrauch – geben!

Alles, Bäume, Autos, Tische, ... alles in unserem Universum besteht aus Quanten. Das sind kleinste Teilchen reiner Energie.

Auch jeder leere Raum ist überhaupt nicht leer, er ist auch ein Feld von Energie.....

Sozusagen ist alles reine Energie aus dem Quantenbereich.

Wirklich ganz einfach gesagt ist alles mit allem verbunden. Alles ist mit allem eins.

Die Indianer drücken das wunderschön aus:

Alles ist zu einem wunderschönen Teppich, in bunten Farben, verwoben.

Du hast von diesem Energiefeld sicherlich schon gehört. Manche nennen es „Ewiges Sein", „Quantenhologramm", „Göttliche Matrix", „Kosmisches Bewusstsein", „Universeller Geist".

Du bist reines Bewusstsein, du bist einzigartiges Bewusstsein durch deine einzigartige Frequenz, in der du schwingst!

Wir können nun durch unsere Gedanken und Überzeugungen und vor allem durch unsere Gefühle dieses Energiefeld, diese Matrix, beeinflussen!

Denn allein die ABSICHT eines Gedanken verändert die Frequenz, in der du sendest .... und natürlich auch dementsprechend empfängst.

Im Quantenfeld befinden sich sozusagen alle Möglichkeiten!

Und indem du deine Aufmerksamkeit auf irgendeine dieser Möglichkeiten lenkst – wählst du sie aus und ziehst sie wie ein Magnet in dein Leben.

Das nennt man übrigens den „Beobachtereffekt".

Du *„erquantelst"* dir praktisch dein Leben!

Und egal ob dir dein Leben nun gefällt oder nicht! – Du hast es selbst erschaffen!

Es gefällt dir? Dann bitte bleib dabei! Sende alle deine guten Gefühle wie bisher aus! Halte deine Energie in genau dieser Frequenz!

Freue dich!

Bleib in der Freude! Und vor allem in der Dankbarkeit!

Dein echtes Gefühl der Dankbarkeit ist sozusagen dein „Turbomagnet“!

Falls du einige Mängel feststellst, du noch einige Baustellen in deinem Leben hast, überlege mal:

„Welche Gedanken und Überzeugungen hast du über genau diesen Bereich.“

Denn genau diese Frequenz sendest du aus – und – ziehst natürlich genau diese Frequenz in dein Leben.

Du machst das natürlich nicht absichtlich, das wäre nämlich ganz schön doof!!!

Das funktioniert auf der Ebene unseres Unterbewusstseins.

Denn hier sind alle, wirklich alle, deine Erfahrungen und Glaubenssätze gespeichert.

Das Unterbewusstsein ist sozusagen die hauseigene „Festplatte“. Diese Glaubenssätze können dich voranbringen, aber auch blockieren.

Aber sei beruhigt! Falls du feststellst, welche dich blockieren, die kannst du – wie auch auf der Festplatte – löschen!

Falls dir das nicht selbst gelingt, suche dir bitte eine Person deines Vertrauens: Es gibt ausgebildete Fachleute, die dir gerne dabei helfen!

Sei dir bitte bewusst: Deine Gedanken, deine Gefühle und deine Überzeugungen haben eine enorme Kraft.

Sie sind der Treibstoff in deinem Leben!

Sie geben die Richtung vor!

Sie steuern dein Fahrzeug des Lebens!

Und wenn dir die momentane Richtung nicht gefällt, kannst du – NUR DU – sie ändern!

In jedem Augenblick!

Deine erste Tat etwas in eine gewünschte Richtung zu leiten ist das Wort „NEIN“ – wenn etwas nicht für dich stimmt.

Versuche von nun an zu spüren:

Will ich etwas, dann sag „JA“!

Ist es für mich aber genau in diesem Moment nicht stimmig, bitte sag „NEIN“.

Dein Gefühl ist dein Wegweiser!

Wenn wir ehrlich hinspüren, wissen wir genau, was gut für uns ist – und was nicht!

Wenn wir von etwas überzeugt sind, wenn wir etwas gerne tun, können wir freudig zustimmen.

Wir können aber ebenso höflich ablehnen, wenn es nicht für uns passt.

Oftmals „funktionieren“ wir und sagen automatisch „JA“, weil es von uns erwartet wird – und tief in uns weigert sich ein Teil von uns - .....

Versuche so oft wie möglich deine Wahrheit zu leben!

In den nächsten Kapiteln habe ich einiges ausgearbeitet, das dir vielleicht hilfreich sein kann.

Du kannst dir zuerst den Bereich wählen, der dich gerade am meisten interessiert oder alle Kapitel der Reihe nach lesen! Ganz nach deinem Geschmack!

Kapitel 1

Regeneration für Körper, Geist und Seele

Du weißt, Regeneration ist unheimlich wichtig – vor allem wenn der Energiehaushalt aus seinem Gleichgewicht gebracht wurde.

Es sollte sich ja alles im Leben im Gleichgewicht von Energie und Harmonie befinden.....

Doch bei den wenigsten von uns ist das 100 %ig der Fall.

Gibt es nämlich Differenzen, kommt es zu Energieverlust!

Werden diese Energieverluste nicht ausgeglichen, stellen sich unweigerlich Krankheiten ein.

Wir alle kennen diese energetischen Vampire, wie bewusste und unbewusste Ängste, Kummer, Sorgen, Stress. .... Da kann man schon richtig „sauer werden". ... Was ja tatsächlich der Fall ist. Jede Form von Stress führt zu einer Übersäuerung und zum Energieabfall.

Wenn wir schon von Energie reden, erinnere dich zurück ... was ist Energie eigentlich?

Energie: In der Physik – Kraft x Weg

Energie: „griech." – Wirkende Kraft

Energie kann niemals verloren gehen!

Sie kann ihren Zustand verändern: z.B. kann elektrische Energie in Licht- und Wärmeenergie umgewandelt werden.

Mechanische Energie kann in Bewegungsenergie umgewandelt werden .... oder auch Wut in Bewegungsenergie.

Ich kann mich erinnern: Als ich einmal ziemlich wütend war, trat ich mein Mountainbike ohne Mühe in Rekordzeit auf einen nahe liegenden Berg! Dann war der Dampf abgelassen und mein Körper und mein Geist wieder einigermaßen im Lot!

Also zurück zur Energie! Energie wird immer verbraucht: bei der Arbeit, im Alltag, sogar im Schlaf! Aber vor allem beim Denken!

Genau hier will ich wieder einhaken!

Denn es ist sehr wichtig, dass dir WIEDER bewusst wird:

Welche Gedanken bewege ich den ganzen lieben Tag?! Welche Szenarien male ich mir in meinem Geist aus?

Welche Zwiegespräche führe ich?

Welche dieser Gedanken erzeugen Stress in meinem Bewusstsein und in weiterer Folge in meinem Körper?

Dr. Paul Posch, ein amerikanischer Stressforscher, betonte, dass 70 bis 90 % der Arztbesuche wegen Stress und des dadurch gestörten Energiehaushalts im Körper erfolgen.

Bei Google wurde bereits im Jahr 2013 ein sogenanntes „Achtsamkeitstraining (vom Erfinder Chade Meng Tan)“ eingeführt. Das ist eine interne Fortbildung, die es Mitarbeitern ermöglicht, sich mit Hilfe von *Meditationen* zu regenerieren.

Dieses freiwillige Achtsamkeitstraining seit 2015 wurde auch von der Firma SAPeingesetzt. Hier sind weltweit ca. 87000 Mitarbeiter beschäftigt.

Man stellte fest, dass die Zahl der Fehltage so sehr sinken, dass sich dieses Programm von selbst zahlt.

Das Betriebsklima änderte sich zum Positiven und die Beschäftigten gingen seither achtsamer miteinander um.

Wir können mit Hilfe von Meditation unseren Energiehaushalt immer wieder ausgleichen und stärken!!!

Es ist uns immer und überall möglich Energie auf- und nachzutanken!

Denken ist das Bewegen geistiger Energie

Also ganz einfach:

Positive Gedanken stärken mein System „Körper – Geist und Seele“

Negative Gedanken schwächen es!

Sei dir bewusst: Jeder Mensch denkt täglich mindestens 15000 Gedanken!

Deshalb ist es so wichtig „Gedankenkontrolle“ zu üben!

Der einzige wirkliche Feind des Menschen sind seine negativen Gedanken und Überzeugungen!

Sogenannte „Stressoren“, das sind nämlich negative Gedanken, Stress, Alkohol, Nikotin oder leere Ernährung, aber auch „toxische Personen“ blockieren die Energie, die durch deinen Körper fließt, die Muskeln werden schlagartig geschwächt.

Lass dir einmal bei einem Kinesiologen einen Muskeltest zu deinen Überzeugungen machen!

Du wirst erstaunt sein, welche deiner Gedanken dich stärken und welche nicht.

Alleine ein Smiley .... bringt deine Zellen zum Lächeln, er macht dich stark!

Schon Marc Aurel hat vor 2000 Jahren gewusst:

„Das Leben eines Menschen ist das, was seine Gedanken daraus machen."

Gedanken zu „Licht"

Warum gibt es so viele „Lichtmeditationen"?

Wie .... alles im Universum ... besteht aus Schwingungen in verschiedenen Frequenzen.

Wir bestehen sozusagen aus winzig kleinen Lichtpartikeln, sogenannten Photonen.

Ein Photon ist die kleinste, messbare Einheit von Licht!

Falls du dir einen wunderbaren Film dazu ansehen willst, kann ich dir den Streifen „Am Anfang war das Licht" wärmstens empfehlen!

Wir können also unseren Körper auch als Photonenfeld bezeichnen..... Photonen im biologischen Sinn werden Biophotonen genannt. Diese Biophotonen – ganz vereinfacht dargestellt - steuern den gesamten Stoffwechsel in deinem Körper, sie bewegen sich zwischen den Zellen hin und her und überbringen Schwingungsbotschaften.

Z.B. steuert ein hochkohärentes Photonenfeld den Auf–, Ab– und Umbau von Eiweiß.

Anmerkung: kohärent – ausgeglichen, optimal, hochwertig

Übung:

Lichtmeditation im Anhang!

Auch unsere Gedanken beeinflussen das Photonenfeld. Ein reines klares Bewusstsein, also positive Gedanken, besteht aus Photonen höchster Frequenz, negative Gedanken, Ängste, alle Süchte .... schwächen das Photonenfeld.

Achte auch auf die Schwingung deiner Nahrung!

Bevorzuge Bio-Nahrung!

Wenn dir das aus finanziellen Gründen nicht immer möglich ist, segne deine Nahrung!

Leider sind viele Menschen übersäuert! Dazu passt folgender Spruch, den ich einmal irgendwo gehört habe:

„Ein saurer Körper ist wie ein feuchtes Stück Holz, es kann allenfalls rauchen, aber niemals brennen."

Wenn es dir möglich ist, halte dich viel in der Natur auf! Hier kannst du deine Batterien ganz kostenlos aufladen!

Gönne dir ein Sonnenbad oder einen Spaziergang!

Man hat übrigens auch herausgefunden, dass ein Aufenthalt im Wald oder in Waldnähe den Stresslevel enorm senkt.

„Waldduschen" werden bereits als Ausgleichsprogramm für gestresste Manager weltweit in Form von Naturerlebniswochen angeboten!

Also zusammengefasst und auf den Punkt gebracht:

Unser Körper ist das, was wir als Bewusstsein empfinden.

Unser Körper ist das, was wir durch unsere Gefühle

unsere Empfindungen

unsere Emotionen

machen.

Du kannst dir mit Hilfe von verschiedenen Meditationsformen … Visualisieren … Imaginieren

deinen Bewusstseinslevel, dein geistiges und körperliches Befinden, enorm verbessern!

Angenehme Tagträume können eine wunderschöne Energiedusche sein.

Dein Unterbewusstsein kann nämlich nicht zwischen Wirklichkeit und Imagination unterscheiden!

Dein Szenario im Kopf ist für dein Unterbewusstsein Wirklichkeit.

Mache dir immer wieder bewusst:

Schon die ABSICHT eines GEDANKENS verändert dein Schwingungsfeld!

Z.B. Affirmationen wie:

„Ich bin und bleibe strahlend, heil und gesund“

„Alles ist gut in meiner Welt“

„Ich bin in Ordnung so wie ich bin“

verhelfen dem Körper ein positiv schwingendes Photonenfeld, das die Voraussetzung für ein gesundes, friedvolles Leben ist, aufzubauen.

Deine Aufgabe ist es, deinem Geist ein gesundes Gefäß Körper zu ermöglichen!

„Sammle“ bewusst schöne Gedanken … schreibe sie auf!

Frage dich: „Was macht mich glücklich?“

Erinnere dich an erhebende Augenblicke!

Bringe sie zu Papier!

Vielleicht machst du dir dein persönliches Glücksplakat!

- Erlebe deinen Tag voraus! So optimal wie möglich! Gestalte als dein eigener Regisseur am Morgen deinen Tag, so optimal wie möglich!

Du erlebst dich in allen den Situationen, die du an diesem Tag zu bewältigen hast in der für dich perfektesten Wirklichkeit!

„Kreiere aus den Dramen des Lebens eine Komödie!" (Johanna Del Arte)

Nimm dir Zeit für Lichtmeditationen, du erhöhst so die Schwingung in deinem Biophotonenfeld!

So kommst du immer mehr aus der Disharmonie zur Harmonie – in weiterer Folge steigert sich deine Vitalität!

Durch die Sonne, das Licht, unser Aufenthalt in der Natur oder durch Lichtmeditation nehmen wir Photonen auf!

Atme im Gedanken Licht ein!

Bevor du dich am Abend ins Land der Träume begibst, befreie dich vom Stress, den du unbewusst in den Schlaf nimmst!

Frage dich: „Wo in meinem Körper sollte ich Stress auflösen?"

Übung:

Stell dir vor, dass angenehme Hände alles Unstimmige aus dieser Körperregion wegmassieren und durch Wohlwollen ersetzen, innere Ruhe kehrt ein und du bedankst dich für den gesunden Schlaf, der dir Erholung und Entspannung bringt!

Nimm in deinen Schlaf folgende Affirmation mit:

„Ich bin und bleibe vollkommen gesund!“

Anhang:

Lichtmeditation

Regenbogenmediation

Atemreinigungsübung

Kapitel 2

Unterstütze deine Selbstheilungskräfte

„Ein gesunder Geist wohnt in einem gesunden Körper"

Impulse für ein neues Bewusstsein

Gleich zu Beginn möchte ich dir sagen, dass jeder von uns die Fähigkeit hat, sich selbst zu heilen. Es liegt sogar in unserem System bzw. ist ein wichtiger Bestandteil unseres Systems.

Wenn du dir überlegst, dass das ganze Universum, alle Planeten in ihren Umlaufbahnen geordnet funktionieren, dass alles Leben auf diesem Planeten einer grundlegenden Ordnung folgt, dann sollte gerade der Mensch, die sogenannte „Krönung der Schöpfung", davon ausgenommen sein?

No!

Wir verfügen über ungeahnte Fähigkeiten, „ungeahnte" – wir glauben nur nicht daran!

Wir können viel mehr als du dir vorstellen kannst!

Du weißt, wenn du dich in den Finger schneidest, leitet unser System sofort die Heilung ein – es geschieht sogar ohne unser bewusstes Tun oder Handeln! Ja, warum wohl?

Die Antwort liegt auf der Hand:

„Weil unser System weiß, was zu tun ist!"

Meist wird das System Mensch fehlerfrei geliefert, aber dann fehlerhaft bedient.

Da wir häufig Weltmeister im fehlerhaften Bedienen sind, können wir zumindest unterstützend mitwirken und uns BEWUSST auf Gesundheit einstellen!

Das soll jetzt keine Aufforderung sein, alle ärztlichen Hilfestellungen hinzuschmeißen, sondern sie mit unseren positiven Gedanken – unserem FOKUS auf Gesundheit – unterstützen!

„Selbstheilung" sollte am besten gelernt und geübt werden, wenn alles noch heil ist!

Bei Störungen, z.B. Schmerzen, Problemen tut man sich bekanntlich wesentlich schwerer, sich den Zustand von absoluter Gesundheit – in all ihren Facetten – vorzustellen bzw. sich hineinzuerleben!

Mittlerweile wissen wir, dass Körper, Geist und Seele eine untrennbare Einheit sind!

Wir können ab sofort unsere „geistige Schöpfungskraft" einsetzen und auf absolute oder auf die Wiederherstellung der Gesundheit fokussieren!

Unsere geistige Schöpfungskraft können wir auf alles Mögliche richten:

Gesundheit...... Traumgewicht........... Verjüngung..........

Bevor du allerdings damit beginnst, muss dein Ziel klar formuliert sein.

Sei nun ganz du selbst und formuliere deine Bestformel:

Falls dir nichts einfällt hier ein paar Vorschläge: „Ich bin und bleibe strahlend heil und gesund, jung,

sportlich und dynamisch"

„Mein Körper ist vital"

„Mein Körper und mein Geist strahlen in Gesundheit, Harmonie und Liebe“

Deine ABSICHT MUSS KLAR FORMULIERT sein!

Du musst immer formulieren, was du WILLST, nicht was du NICHT WILLST!

Falsch: .... ich will nicht, dass ....

Ohne klar formuliertes Ziel kommst du nirgendwo an!

So ähnlich wie wenn du nach Wien willst und im Zug nach Berlin sitzt. ....

Übung:

Du könntest nun folgende Übung machen:

Suche dir einen Platz, wo du ungestört bist und ein bisschen Zeit für dich hast. Setze dich hin: Atme ein paar Mal tief ein und aus .... und formuliere KLAR deine ABSICHT für deine GESUNDHEIT! Notiere auch deine Gefühle dazu, die dir bei absoluter Gesundheit einfallen. Schreib es auf.

Gestalte dir, wenn du willst, ein schönes Plakat, ... je nach Belieben und lege, hänge oder stelle es irgendwo hin, wo du es immer wieder siehst!

So nimmst du es BEWUSST und auch UNBEWUSST (so im Vorbeigehen) immer wieder wahr!

So kann sich diese Energie, die Schwingung von ABSLUTER Gesundheit in deinem Bewusstsein einfinden.

Du kannst viel mehr zu deiner Gesundheit beitragen als du glaubst. Auch scheinbar Unmögliches ist möglich!

Vielleicht liest du mal die Bücher von

Clemens Kuby oder

Dr. Joe Dispenza

Da wird dir bewusst, was alles in dir steckt!

Den meisten Menschen „tanzt ihr Körper auf der Nase herum".

Du kennst sicher Äußerungen wie............

.... „mein Körper sagt mir ...."

.... „mein Körper ist müde ...."

Natürlich ist es wichtig, auf seinen Körper zu hören!

Denn wenn er schon mit dir spricht und dir seine Probleme mitteilt .... in welcher Form immer – sei es Migräne, Hautreizungen, ... hast du vorher die „Ölkontrolllampe" herausgeschraubt und bist trotzdem weitergefahren!

So als wäre der Körper der Chef in deinem System.

Der CHEF im System ist dein GEIST, deine EINSTELLUNG, deine GEDANKENENERGIE.

Achte auf deine Gedanken!!! IMMER wieder!

- von deinen Gedanken werden deine Gefühle bestimmt! -
  deine Gefühle erzeugen deine körperlichen Zustände!
- deshalb Gedankenkontrolle

Du redest mit niemandem öfter als mit dir, also sei freundlich zu dir!

Eines ist klar:

Der menschliche Körper verfügt über seine eigene Apotheke.

z.B. Alleine durch zehn Minuten heftiges Lachen konnten Patienten zwei Stunden schmerzfrei schlafen!

Vielleicht ist ja Lach Yoga was für dich!

Lachen beeinflusst viele Gene, die mit der Immunreaktion zu tun haben!

Das funktioniert nicht als „Zauberei“, sondern weil unser System unsere beste Apotheke ist, ….. am besten weiß was für uns wichtig ist.

So wie z.B. unser Körper ohne darüber nachzudenken

- 101000 Herzschläge täglich schlägt,
- pro Minute 7 Liter Blut durch unser System pumpt, …

All das geschieht UNBEWUSST!

Was kann also noch möglich sein, wenn wir dieses phänomenale System durch positive Gedanken optimieren!

Unser aller Problem ist dieser tägliche Stress!

„Stress“ im Allgemeinen ist ein Verhalten im Überlebensmodus. Dauerstress verursacht gesundheitliche Störungen.

Hier kannst du dir mit

Meditationen

Atemübungen

Entspannenden Mantren

helfen! All diese wunderbaren Techniken helfen die „Stressoren“ auszuschalten!

Vielleicht kennst du den Begriff „Mentales Training“ aus dem Sport.

Mentales Training – übersetzt – geistiges Üben ….. ist nicht nur für Sportler gedacht!

Auch du kannst es in deinem täglichen Leben anwenden und so z.B.

deine Gesundheit und deine körperlichen Befindlichkeiten optimieren!

Sei dir bewusst, dein Körper ist das Sprachrohr deiner Seele.

Je öfter die Seele unerhört bleibt, desto stärker wird der Impuls (Schmerz).

„Eine Krankheit ist eine vorübergehende Störung, wo der Betreffende aus der Harmonie der Schöpfung gefallen ist."

(Zitat Prof. Margarita Zinterhof)

Sollte sich so eine sogenannte „vorübergehende Störung" bei dir breit gemacht haben, so sind all diese Hinweise eine wunderbare UNTERSTÜTZUNG, die deine ärztliche Behandlung unterstützen!

Kapitel 3

Wegweiser zur Selbstliebe

Kannst du dich noch daran erinnern, wie es war, als du das letzte Mal so richtig verliebt warst!

Da macht das Herz gleich einen Hüpfer! Es ist ein so wundervolles Gefühl. So ähnlich ist es auch, wenn wir uns in uns selbst verlieben!!!

Das Beste daran ist, wenn du dich in dich selbst verliebst, dass du diese Liebe niemals verlierst – bis an dein Lebensende! Du bist und bleibst in dich verliebt – bis zu deinem letzten Atemzug – das klingt jetzt so ein bisschen theatralisch – ist aber so!

Genau an dieser Stelle könnte es sein, dass dir der eine oder andere negative Gedanke dazwischenfunkt:

.... „na super, wie soll ich mich mögen, wie ich aussehe" ....

.... „wenn ich um 10 Jahre jünger wäre" ....

.... „ da muss ich erst 20 kg abnehmen" ....

usw.

So, Schluss mit diesem Kopfkino!

Jetzt wollen wir daraus die beste Liebensbeziehung machen.

Sich selbst zu lieben ist ein großes Abenteuer, bei dem natürlich viele Herausforderungen an dich gestellt werden.

Meistens fällt es uns am Anfang ziemlich schwer, da ja – wie vorher schon angesprochen – wir diese „Fehler“ haben und Bedingungen an diese Liebe knüpfen.

Ich habe 10 Wege, um sich selbst zu lieben, zusammengestellt. Die Quellen habe ich bei Louise Hay und Dr. Gerald Jampolsky gefunden.

Ganz wichtig! Gleich als ersten Punkt:

1. **Höre mit deiner Selbstkritik auf!**

So wie du in diesem Moment bist, bist du in Ordnung – voll und ganz!

Steh auf und betrachte dich in einem Spiegel!

Lächle dir aufrichtig und liebevoll zu!

Blicke dir in deine Augen und sage dir:

„Ich mag dich!“

„Ich liebe dich!“

„Du bist mein(e) beste(r) Freund (in)!“

Probleme haben wir erst dann, wenn wir uns schlecht machen.

Da tun sich diejenigen ein bisschen schwerer, die in einem nicht harmonischen Umfeld aufgewachsen sind, denn sie erhielten in ihrer Kindheit die <u>indirekte</u> Botschaft, dass mit ihnen etwas nicht stimmt.

Auch unsere <u>Selbstachtung</u> stellt einen wesentlichen Faktor dar.

Sobald du dich nämlich nicht gut genug fühlst, sorgst du <u>unbewusst</u> dafür, dass sich dein Leben genau diesem <u>Selbstbild</u> anpasst.

Wenn wir uns unbewusst nicht selbst achten – ich betone UNBEWUSST – kommt es häufig vor, dass wir Dinge tun, die genau diesem Selbstbild entsprechen.... und zögern es sogar unbewusst hinaus, die Lage zu verbessern!

z.B.:

Du willst 10 kg abnehmen und stopfst Süßigkeiten in dich hinein.

Oder, du willst eine strahlende Haut und bist Kettenraucher(in).

Von Drogen und Alkohol gar nicht zu sprechen.

... um nur einige dieser kontraproduktiven Handlungsweisen anzuführen.

Oder, vielleicht hattest du in deiner Kindheit ein Umfeld, wo du

„einen Polster" um dich brauchtest (Übergewicht) oder

„dich wo anhalten musstest" (Zigaretten)

„dich aus der Realität in eine Scheinwelt begabst (Abhängigkeit)

Erkenne deine Kreativität!

Finde heraus, welche Aufgabe hast du dir vorgenommen um dein Leben so angenehm wie möglich zu machen!

Welche Träume schlummern in dir und wollen verwirklicht werden?

Da hätte ich eine wunderbare Übung für dich!

Übung:

Mach es dir gemütlich! Richte dir Stift und Papier. Vielleicht magst du als Symbol, weil du jetzt für dich etwas ganz Besonderes tust, eine Kerze anzünden oder angenehme Meditationsmusik hören.

Atme 6 bis 10 Mal tief ein (ca. 6 Sec.) und tief wieder aus (ca. 6 Sec.).

Warte, bis du ganz ruhig und entspannt bist.

Du kannst dir auch beim Einatmen den Laut „HONG“ und beim Ausatmen den Laut „SO“ denken, das fördert die Entspannung.

Und dann stellst du dir die Fragen:

„Was steckt in mir?“

„Wie bin ich gemeint?“

„Wie soll und darf ich meine Einzigartigkeit leben?“

„Was bin ich bereit dafür zu tun?“

Schreibe auf, was genau jetzt in diesem entspannten Bewusstsein in deine Feder fließt!

Du erhältst genau jetzt Botschaften deiner „Inneren Weisheit“!

Diese Botschaften sind nur für dich wichtig!

Sie schlummern schon dein ganzes Leben in dir und wollen JETZT in dein Leben treten!

2. Lasse deine Ängste hinter dir!

Wie oft hörten wir die Worte:

„Wenn du nicht ....., dann ....“

Wir mussten sozusagen brav sein, damit nicht irgendetwas Unangenehmes passiert.

Erlaube dir auch zu scheitern!

OK, hat es dieses Mal nicht geklappt, dann gelingt es das nächste oder ein anderes Mal!

Manchmal taucht ein kleines Problem auf und wir machen daraus ein Monster oder rechnen mit dem Schlimmsten!

Wir kreieren Horrorszenarien in unserem Kopf!

Wir handeln wie Kinder, die sich vor Gespenstern unter dem Bett fürchten!

Wir können uns jederzeit für eine positive Wirklichkeit entscheiden! Unser Geist ist grenzenlos. Unsere Begrenzungen kommen von uns selbst!

Ruft in der Partnerschaft der Partner nicht sofort an, malt man sich schon negative Szenarien aus, fällt am Arbeitsplatz eine dumme Bemerkung, gibt es schon aggressive Gedanken....

Wann immer ein negativer Gedanke aufkommt, können wir ihn durch einen positiven austauschen.

Übung:

Verankere in dir ein paar positive Bilder, die du immer wieder abrufen kannst!

z.B. Sonnenuntergang, Blumen, Strand, ein Kuss, ...

Entwickle deine eigene positive Imagination!

Hast du diese Bilder ganz fest in dir abgespeichert kannst du sie bei Bedarf abrufen.

Du hast so eine Möglichkeit, in der Sekunde aus dem negativen Gedankenumfeld auszusteigen und in eine positive Stimmung einzutauchen!

Glaube mir, es wird dir immer schneller bewusst, dass du deine Glücksmomente ganz schnell vervielfachen kannst.

Vielleicht magst du das Buch von Dr. Gerald Jampolsky „Lieben heißt die Angst verlieren“ lesen?

Ich kann es dir sehr empfehlen!

Lieben bedeutet nämlich die Abwesenheit von Angst.

Die Ängste der Vergangenheit projizieren wir auf unsere Zukunft und verbringen viel Zeit damit, dass wir uns sowohl über die Vergangenheit als auch über die Zukunft Angst machen und darüber hinaus vergessen, in der Gegenwart zu leben.

Und dein Leben geschieht immer JETZT!

Gestern oder vor einer Minute ist schon vorbei und was am Abend oder am Morgen geschieht ist noch nicht Realität!

Du lebst immer JETZT, genau in diesem Augenblick!

Fühle dich hinein in dein JETZT! Zaubere JETZT ein Lächeln in dein Gesicht!

Egal wie deine Umstände gerade sind!

Sage dir JETZT, dass du so wie du bist in Ordnung bist!

Die beste Zeit deines Lebens ist JETZT!

Versuche immer wieder aus dem Alltagswahnsinn in OASEN eines glücklichen JETZT einzutauchen!

Gestalte die GLÜCKSMOMENTE in deinem Alltag!

Da genügt ein Lächeln. Vielleicht bringst du dir ein Smiley irgendwo in deinem Umfeld an. Du nimmst dieses Lächeln immer wahr, bewusst und unbewusst!

Schenke dir immer wieder ein liebevolles, ehrliches Lächeln!

Alleine, wenn du deine Mundwinkel nach oben ziehst ist das für deinen Körper eine positive Botschaft.

Hab ein wenig Geduld mit dir!

3. **Sei geduldig mit dir!**

Oren Arnold: „Herr, schenke mir Geduld – und die sofort!“

Bei diesem Zitat finden sich sicher viele von euch ……… grins……!

Unsere schnelllebige Zeit fordert uns manchmal sehr!

Und da wird ein Stau im Straßenverkehr zum Megaproblem……….

- Du hast ja einen Termin! OMG!!!

Okay, jeder von uns hat ein Handy, dann rufst du an und teilst es deinem Partner, Chef …. mit.

Ändere vielleicht genau in dem Moment, wo dein Ärger aufkommen will, deine Denkweise. Sieh es als eine Möglichkeit, vom Stress herunterzukommen! Du kannst es im Moment nicht ändern!

Lächle!

Wechsle genau in diesem Moment die Perspektive!

Du hast gerade Zeit dich auszuruhen! bzw. auf Entspannung zu fokussieren.

Oder!.....

Manchmal wollen wir sofort antworten ohne die dazugehörige Lektion zu erlernen oder die entsprechenden Schritte zu tun.

Eine kleine Hilfe:

Stell dir dein Bewusstsein als Garten vor.

Zu Beginn ist er noch ein wenig verwildert…

Du findest immer wieder ein „Selbstkritikgebüsch“ oder „Steine des Zorns oder der Verzweiflung“.

Hast du aber das Unkraut weggeschafft und den Boden bereitet, kannst du neue „Samen der Freude“ streuen oder kleine „Pflänzchen des Wohlstands“ setzen.

Mit ein bisschen Geduld wird der Garten unseres Bewusstseins bald zu blühen beginnen und ein Garten unserer Erfahrungen entsteht.

4. **Gehe mit deinem Bewusstsein behutsam um**

Du bist jetzt schon ein ziemlich bewusster Erdenbürger, hast schon Vieles gemeistert, bis geduldig, kritisierst dich ganz wenig und kannst ein wenig besser mit deinen Ängsten umgehen………

Und trotz aller Achtsamkeit stellen sich doch immer wieder negative Gedanken ein. Sei dir deshalb nicht böse! – Umstände treten auf und wir ärgern uns wieder einmal über uns. Da schießt doch noch manchmal ein negativer Gedankenblitz ein.

„......wie kann man nur so blöd sein“……….

oder

„……das ist wieder typisch ich“ ……

oder

„…das kann nur mir passieren“ ….

Du kennst das!

Es darf ja auch sein. Nur es darf nicht sein, dass du dann in dieser Negativschleife hängen bleibst!

Jetzt wären deine verankerten positiven Bilder gefragt!!!

Welches der verankerten positiven Bilder fällt dir ein?

Lass es jetzt vor deinem geistigen inneren Auge wach werden!

Nimm jedes Detail wahr!

Fühle, wie gut es sich anfühlt, lade es mit noch mehr positiver Emotion auf!

Spüre deine Umgebung!

Nimm sie mit allen Sinnen wahr!

Höre, fühle, rieche, spüre, lächle!

Du kannst durch Meditation deine innere Wahrnehmung schärfen!

Du bist der Bildhauer deiner Alltagsgefühle!

Ob du deine Arbeit mit einem Lächeln oder mit Groll erledigst liegt an dir!

Nur mit einem Lächeln wird sie dir leichter von der Hand gehen!

Eine Hilfe, deinen Alltag in deiner stimmigen Energie zu leben, ist die tägliche Morgenschau:

Erlebe deinen Tag schon am Morgen in dem positivsten angenehmsten Gefühl voraus.

Stell dir vor, du bist der Regisseur deines Tagesablaufes.

Wie würdest du in der optimalsten Form genau diesen Tag erleben wollen?!

Probiere es doch ein paar Mal aus.

Es kostet dich keinen Cent! Nur ein paar Minuten, die du dir am Morgen in aller Ruhe, mit einem Lächeln gönnst und diesen neuen Tag mit stimmiger Energie anschwingst.

Visualisiere positive Resultate!

Lass dich überraschen! Nach drei Wochen wird es dir zur Gewohnheit wie das Zähneputzen!

Du wirst es nicht mehr missen wollen!

Diese einfache Übung ist wie ein emotionaler Schneepflug, der dir den Weg freischaufelt für viele angenehme und stimmige Momente.

Von enormer Wichtigkeit ist deine Wortwahl!

Vermeide folgende Wörter wie:

„unmöglich, kann nicht, wenn, nur, aber…, könnte, wollte, schwierig," … usw.

Formuliere positiv und sage immer das, was du wirklich willst!

Wie oft verwenden wir Ähnliches:

„…… z.B. mach dich nicht schmutzig……"

„……pass auf, dass dir nichts passiert……"

Verwende stattdessen:

„…… schau, das du deine Kleider so sauber wie möglich hältst……"

„……gib auf dich Acht……"

Vermeide dieses Unwort „nicht".

„Denke „nicht" an einen kleinen grünen Elefanten"…..

- Na, woran hast du gerade gedacht!

5. Lobe dich immer wieder

Wir wissen es!

Kritik zieht dich hinunter, Lob baut dich auf!

Also …… lobe dich!

Du bist einzigartig auf dieser Welt!

Sage dir immer wieder, wie wunderbar du bist!

Mach es immer wieder! Lächle dabei!

Jeden Tag! Mindestens eine Minute!

Sei souverän!

Du weißt, was du kannst. Lebe deine natürliche Autorität!

Sage dir immer wieder:

……………………, das hast du phantastisch gemacht!
(dein Name)

Erlaube dir auch GUTES anzunehmen! Es steht dir zu! Denn wenn du glaubst, dass dir etwas Gutes nicht zusteht, bist du dein größtes Hindernis!

Was fällt dir ein, das du in letzter Zeit richtig gut hingekriegt hast?

Es muss nichts Großes sein!

Vielleicht hast du gut gekocht oder dein Kind in den Schlaf gewiegt – oder hast einfach ganz relaxed in der Sonne gechillt – das hast du richtig gut gemacht!

Lobe dich dafür! RICHTIG!

6. Fördere dich

Wenn du irgendwo nicht weiter weißt, nimm Hilfe in Anspruch.

Suche Hilfe, es ist ein Zeichen von Stärke um Hilfe zu bitten! Lass dein Ego ganz weit hinten!

Es gibt viele Selbsthilfegruppen, Organisationen oder Zusammenkünfte, die dich unterstützen können!

Social medias bieten viele Plattformen an, fühle hin, welche für dich stimmig ist!

Gibt es in deiner Umgebung niemanden für dein Problem, gründe selbst eine Gruppe!

Du wirst sehen, es finden sich bald einige, die ähnliche Probleme haben.

So könnt ihr gemeinsam Strategien ausarbeiten und Lösungswege finden (denn wenn du eine Lösung findest wird aus deinem Problem eine Aufgabe).

7. Liebe deine Schwächen

Liebe sie! Wir sind nämlich die Person, die sie meistens auch geschaffen hat!

Kritisiere dich nicht dafür – überlege, wie du das Beste daraus machen kannst!

Eine negative Situation hat immer einen Grund!

Überlege, was kann ich daraus lernen?

Was kann ich das nächste Mal besser machen?

Welche Vorteile kann ich für mich daraus gewinnen?

Bist du hingefallen? Okay, - wie heißt es:

„Aufstehen, Krone richten, weitergehen“

Du kommst immer weiter, wenn du einmal mehr aufgestanden als du hingefallen bist!

Nimm es mit Humor! Galgenhumor darf auch sein!

Lachen ist heilsam. Mundwinkel nach oben!

Eine kleine Übung:

Nimm eine deiner „Schwächen" – wie könntest du was Positives daraus machen! Kreiere deinen eigenen Plan!

Vielleicht musst du sogar ein bisschen gegen den Strom schwimmen? Na und! Das hebt dich aus der Masse!!!

Jedes Flugzeug startet gegen den Wind!

Es gibt z.B. viele Geschichtenerzähler oder Songwriter, die eine Lese- oder Rechtschreibschwäche haben.

Sie müssen die Geschichte ja nur erfinden, nicht schreiben, das machen ohnehin andere für sie!

Finde deinen Weg!

Auch aus vermeintlichen Steinen kannst du dir einen wunderbaren Weg gestalten!

8. Achte auf deinen Körper

Weißt du warum? Dein Körper ist der Tempel deiner Seele, er ist für sie ein wunderbares Zuhause.

Und genauso wie du dein schönes Haus oder deine gemütliche Wohnung in Ordnung hältst, so solltest du dies auch deinem Körper gönnen.

Versuche dich so gesund wie möglich zu ernähren und vermeide chemisch veränderte Nahrungsmittel so oft wie möglich.

Unser Körper ist dafür geschaffen, bewegt zu werden. 10000 Schritte täglich, das wäre die ideale Bewegung für ihn.

Finde eine Form des Körpertrainings, das dir Spaß macht .... Achte darauf, dass du dich nicht zu Beginn gleich überforderst. Gönne deinem Körper die

Zeit, sich an das Training zu gewöhnen. Du wirst sehen, mit der Zeit macht es großen Spaß.

Wenn du so viel wie möglich zu Fuß gehst und Rolltreppen, Förderbänder und Aufzüge vermeidest, hast du deine 10000 Schritte ganz schnell gesammelt.

Für kurze Strecken könntest du auch das Fahrrad nehmen, statt dich ins Auto zu setzen. Gleichzeitig werden auch noch die Umwelt und deine Brieftasche geschont.

Sei deinem Körper dankbar für alles, was er täglich für dich leistet – ganz ohne dein Zutun. Wie viele unzählige Abläufe in diesem Wunder Mensch in jeder Sekunde geschehen – einfach so – sie geschehen unbewusst.

Dein Körper ist immer für dich da. Sage ihm immer wieder ein herzliches Dankeschön dafür.

Schreibe 10 Dinge auf, die du an dir magst und sage dir immer wieder, welch liebevoller Mensch du bist!

Übung Inneres Lächeln:

Schließe deine Augen und atme tief ein und tief wieder aus ……

Lächle dir in Gedanken in einem Spiegel liebevoll zu!

Lenke dieses Lächeln nun in deine Augen, ……. Organe, Wirbelsäule, …. in jede Zelle und spüre, dass jede Zelle zu lächeln beginnt.

9. Lerne vergeben

Falls du zu den Menschen gehörst, denen es schwer fällt sich zu lieben, könnte es auch sein, dass dir anderen zu vergeben auch nicht so gut gelingt.

Durch das Nichtvergebenkönnen schließen wir das Tor zur Selbstliebe!

Wenn wir allerdings ehrlichen Herzens vergeben, befreien wir uns von einer großen Last und plötzlich kann Selbstliebe Einzug halten.

Nach einer ehrlichen Entschuldigung fühlen wir uns auf einmal frei. Wenn wir nicht vergeben und loslassen, binden wir uns an die Vergangenheit .... ja...... und wie sollen wir dann eine wunderbare Zukunft gestalten?

Übung:

Wo soll ich mir jetzt und heute vergeben?

10. Liebe dich JETZT

.... und warte vor allem nicht, bis du es gelernt hast!

Liebe dich jetzt! Jetzt gleich! Sag dir: „Ich liebe mich!“

Das mag dir am Anfang etwas komisch vorkommen, tut aber unheimlich gut!

Mit sich selbst unzufrieden sein ist nur eine Gewohnheit ... die sich leicht verändern lässt.

Wir sind auf dieser Welt um glücklich zu sein, um Selbsterfüllung zu finden und um auch Mitgefühl zu lernen und auszustrahlen.

Kennst du das „Gesetz der Liebe“?

Es besagt:

„Alles was ich gebe wird mir gegeben.“

Schenken wir bedingungslose Liebe, ohne etwas zu erwarten, vergrößern wir die Liebe im Anderen und in uns selbst. Gleichzeitig wird durch unser bedingungsloses Lieben die Welt ein bisschen heller!

So kann jeder zum Wohle auf dieser Welt beitragen.

Entzünde immer wieder das Licht der Liebe in dir!

Übung:

„Wo liebe ich mich noch nicht bedingungslos?“

„Was kann ich gleich jetzt ändern?“

Erlebe dich in deiner neu gewonnenen Freiheit und Liebe!

Male es dir in den buntesten Farben mit allen Sinnen aus! Drücke in Gedanken deine Freude aus! Hüpfe! Lache! Singe!

Schreib dir 21 Tage täglich eine positive Affirmation der Selbstliebe auf!

Halte diese Affirmation je 1 Tag im Bewusstsein.

Du brauchst mindestens 21 Tage, um dir eine neue Gewohnheit anzueignen!

Liebe dich bedingungslos!

Ich liebe mich bedingungslos!

Vielleicht bis du nun motiviert, dir eine Sammlung von „Selbstliebezitaten“ anzulegen! Hier ein Anfang:

„Sich selbst zu lieben ist der Beginn einer lebenslangen Idylle“

„Sei du selbst die Veränderung, die du dir wünscht für diese Welt „ (Mahatma Gandhi)

„Du kannst Blumen oder Unkraut säen – beides wird wachsen“

Kapitel 4

Hülle ein Inneres Kind in Liebe und Sicherheit

Ganz ehrlich, jeder von uns will geliebt sein, wir alle sind glücklich, wenn wir das Gefühl haben, es mag uns wer.

Wir alle streben ein Leben im tiefen inneren Frieden an.

Oft sind wir uns aber nicht genug und wie schon im vorangegangenen Kapiteln erwähnt, üben wir sehr häufig Kritik an uns oder haben Minderwertigkeitsgefühle.

Wir leben häufig in Beziehungen, die uns nicht erfüllen und Misstrauen und verborgene Ängste sitzen tief in uns.

Sehr oft finden wir die Ursache in unserer Kindheit.

Oft waren wir damals unglücklich oder fühlten uns nicht verstanden.

Als Kinder wurden wir vielleicht oft enttäuscht und unsere Bedürfnisse konnten nicht erfüllt werden.

Aus diesen Erfahrungen entstehen Glaubenssätze. Unbewusst!

Aber diese Glaubenssätze steuern unsere Ziele und unsere Hoffnungen, sie beeinflussen wie wir unser Leben gestalten.

In jedem von uns ist seine Kindheit allgegenwärtig!

Unsere Persönlichkeit ist ein Spiegel unserer kindlichen Seele.

Unser Handeln ist durch die Muster der Kindheit geprägt.

Werden diese Muster in uns aktiv, fühlen und verhalten wir uns wie damals, sie sind uns so vertraut und in uns verankert, dass es uns gar nicht auffällt.

Häufig genügen Gerüche oder Töne, um unsere Wunden der Kindheit wieder an die Oberfläche kommen zu lassen..............und in der Sekunde – meist völlig unbewusst – fühlen wir uns wieder klein, schwach und ausgeliefert.

Du kennst, dass man Gefühle mit Situationen verbindet. Z.B.: Wenn du Zimt riechst, denkst du möglicherweise an Weihnachten, ….usw.

Vielen von uns ist gar nicht bewusst, dass wir ein verletztes Inneres Kind in uns tragen.

Und ich kann dir sagen, es ist egal, es spielt nämlich überhaupt keine Rolle wie alt wir sind……in jedem von uns steckt ein kleines Kind, das Liebe, Fürsorge und Anerkennung braucht.

Du kannst noch so souverän und erfolgreich sein, in jeder Frau steckt ein kleines sensibles Mädchen!

Und in jedem Mann, erfolgreich oder nicht, ist ein kleiner Bub, der sich nach Kuschel- und Streicheleinheiten sehnt.

Je heiler dein Inneres Kind ist, umso erfüllter wird dein Leben sein.

Jetzt! Genau in diesem Moment kannst du damit beginnen, dein Inneres Kind zu heilen.

Nur mit einem glücklichen Inneren Kind kannst du dein gesamtes Potential entfalten….du kannst JETZT beginnen, die Weichen in deinem Leben neu zu stellen!

John Bradshaw stellte fest, dass jeder Erwachsene 25000 Stunden „Eltern-Kind-Tonbänder“ in seinem Unterbewusstsein gespeichert hat.

Wie viele Stunden davon wurden wir wohl ausschließlich gelobt?

Wie oft wurde uns gesagt, dass wir etwas ausgezeichnet geschafft haben?

Es kann schon sein, dass wir häufiger maßgeregelt als gelobt wurden.....

Da ist es kein Wunder, wenn wir oft NEIN zu uns sagen!

Wir reagieren auf diese alten Botschaften und Muster, weil sie tief in uns verankert sind und zu festen Überzeugungen wurden.

Die gute Nachricht!

Man kann sie verändern!!!

Immer wenn wir uns vor etwas fürchten, muss dir klar sein, dass sich ja eigentlich das Kind in dir fürchtet und nicht der erwachsene Mensch, der du ja jetzt bist.

Je öfter du dich mit deinem Inneren Kind beschäftigst und es betreust, umso schneller heilen diese alten Wunden.

Vielleicht hattest du als Kind ein schlimmes Erlebnis mit einem Hund, an das du dich gar nicht mehr bewusst erinnerst. Daraus könnte eine Unsicherheit gegenüber Hunden resultieren.

Es ist auch ganz normal, die eine oder andere Enttäuschung erlebt zu haben. Das heißt ja noch lange nicht, dass unsere Eltern deshalb böse Menschen waren. Meistens meinten sie es auch „gut“ mit uns. Sie taten ihr Bestes und trotzdem kann es sein, dass unser Selbstwert Schaden erlitten hat und wir deshalb daraus ein für uns negatives Verhaltensmuster entwickelt haben.

Es gab sicherlich genug Situationen, in denen unsere Eltern uns nicht genügend Liebe, Anerkennung oder Trost geben konnten und sich unser Inneres Kind tief in uns noch immer nach dieser Befindlichkeit sehnt

- Möglichkeiten eines verletzten Inneren Kindes

1. Bist du überzeugt, Liebe muss verdient werden?

Kleine Kinder lernen ganz leicht und ohne Druck, weil sie von Natur aus neugierig sind und gerne neue Erfahrungen machen.

Bei vielen geht diese Leichtigkeit durch zu hohe Ansprüche und Druck verloren.

Oder die Eltern sind ungeduldig und du musstest als Kind häufig hören: „...........du hilfst mir am meisten, wenn du aus dem Weg gehst.........“

Das Muster entsteht:

„Wenn ich genug bin werde ich geliebt!“

Übung:

Hast du das Gefühl, alles gleich können zu müssen?

Spüre hin und sage deinem Inneren Kind, dass es alles richtig macht!

Unterstütze es in Gedanken bei seinemÜben!

2. Beginnst du gleich an dir zu zweifeln, wenn du scheiterst?

Kommen dir in diesem Moment abwertende Gedanken?

Übung:

Fühle hin, wie alt dein Inneres Kind ist.... Nimm es in Gedanken in die Arme und sage ihm wie liebenswert es ist, visualisiere, wie du ihm gut zuredest, wie du ihm in diesem Moment all das gibst, was du damals gebraucht hättest!

Du wirst merken, dass dir ganz warm ums Herz wird!

Es kann auch durchaus sehr emotional sein, wenn du dich mit deinem Inneren Kind befasst!

3. Bist du überzeugt, ungeliebt zu sein?

Diese Überzeugung kommt häufig bei ∞ Alleinerziehern vor. Oder die ∞ Eltern waren selten daheim, weil ihre Energie in ihre Arbeit und Karriere gesteckt wurde.

∞ Es kann auch sein, dass die Zuneigung von deiner Leistung abhängig war.

∞ Leider könnte auch die Krankheit oder der Tod eines Elternteiles die Ursache sein.

Übung:

Frage dein Inneres Kind:

Hatten meine Eltern ausreichend Zeit für mich?

Kommen die Gefühle der Einsamkeit hoch?

Lass dein Inneres Kind „groß“ werden, nimm es auf deinen Schoß und sage ihm:

„Ich liebe dich bedingungslos!“

„Ich kümmere mich um dich!“

„Wie kann ich dich glücklich machen?“

Spiele in Gedanken all die Spiele, die du in der damaligen Situation gerne gespielt hättest.

4. Bist du überzeugt nichts zu können?

Auch du hast in deiner Kindheit gerne experimentiert – vielleicht wurdest du dann häufig kritisiert statt gelobt.

Oft hörten wir „........ in diesem Alter müsste er/sie das .... aber schon können......“

Eltern haben häufig Stress, nehmen dann dem Kind alles aus der Hand und machen es selbst.

Der Eindruck entsteht: „Ich kann nichts“

Übung:

Motiviere dein Inneres Kind zum Durchhalten und Ausprobieren.

5. Kommen dir manchmal Gedanken nicht richtig zu sein?

Möglicherweise bis du in der Kindheit häufig kritisiert worden, z.B. wegen deines Geschlechts:

Manche Eltern ersehnten sich einen Sohn und dann wurde ein Mädchen geboren, da kann es durchaus sein, dass du des Öfteren hören musstest:

„……es ist halt ein Mädchen………“ oder

„……Buben weinen nicht…….“

oder wegen deines Aussehens:

„….du warst vielleicht für dein Alter zu groß / zu klein“

oder dir schmeckte das Essen gut, dann hörtest du sicher, „dass du zu dick warst, …………“

….es geht auch in die andere Richtung…..

vielleicht nahmst du nicht zu und „warst zu dünn……..“

über dein Alter

„……….ein großer Bub weint aber nicht mehr………“

All diese Äußerungen, auch wenn sie nie böse gemeint waren, hinterlassen Gefühle von Minderwertigkeit.

Übung:

Gibt es etwas in deinem Körper, das du ablehnst?

Nimm dich an! Du bist einzigartig! Du bist in Ordnung so wie du bist!

6. Bist du überzeugt, zu allem JA sagen zu müssen?

Egal ob du damit einverstanden bist oder nicht. Aus irgendeinem Grund hast du als Kind deine Innere Stimme nicht mehr wahrgenommen.

Es kann auch durchaus gewesen sein, dass zu viele Reize deine Innere Stimme übertönt haben.

Als Erwachsener lassen sich diese Personen leicht verunsichern und sind häufig gewillt, den Meinungen anderer zu folgen.

Diese Personen sind schnell überfordert und deshalb auch häufig Burnout gefährdet.

Übung:

Bist du leicht einmal überfordert?

Spürst du, wann es dir reicht?

Fühlst du dich verantwortlich, wie sich andere fühlen?

Sag JA, wenn es für dich ein ehrliches JA ist, sage NEIN, wenn es für dich nicht passt!

7. Bist du oft überzeugt an allem schuld zu sein?

Diese Gefühle haben viele Menschen, wenn sie in einem Umfeld aufgewachsen sind, in dem es viel Streit gab.

Leider liegt es in der Natur des Kindes, sich selbst schuldig zu fühlen, wenn Eltern streiten!

Übung:

Kennst du deine Herzenswünsche?

„Wenn du hochbetagt am Ende deiner Tage stündest, wie hättest du gerne gelebt?“

Mach es!!!

8. Bist du überzeugt, Liebe hast du nicht verdient?

Einschlägige emotionale Wunden entstehen, wenn Kinder körperlich oder in ihrem Vertrauen missbraucht wurden.

Häufig müssen Kinder Schläge einstecken, werden eingesperrt oder sogar im schlimmsten Fall sexuell missbraucht!

Von Personen, denen sie blind vertrauen!

Dieses Kind ist überzeugt, dass es schlecht sei.

Übung:

Kannst du nahe stehenden Personen blind vertrauen?

Hier konntest du viele Möglichkeiten lesen.

Vielleicht gab es ja bei einigen eine Resonanz.

Viele Einflüsse spielten dabei eine Rolle, wie sich dein Inneres Kind fühlt und durch welchen Filter du das als Erwachsener wahrnimmst.

Im Speziellen geht es eigentlich nicht darum einen Schuldigen zu finden, sondern deinem verletzten Inneren Kind zu helfen, es immer wieder zu betreuen und es so immer heiler werden zu lassen.

Übung: (Meditation: Prof. Mag^{a} Rita Zinterhof /Betreuung des Inneren Kindes)

Suche dir einen ruhigen Platz und nimm dir etwas Zeit!

Wie sieht dein Inneres Kind jetzt in diesem Moment aus? Wie fühlt es sich? (Es kann mitunter auch ängstlich sein und sich verstecken). Habe Geduld mit ihm.

Was hätte es heute gerne?

Sag ihm, dass es dir leid tut, dass du dich so lange nicht um es gekümmert hast.

Vielleicht will es ein Spiel spielen oder in eine Pfütze springen, sich nass spritzen, malen, singen, vor Freude hüpfen, ...

Gib deinem Inneren Kind alles, was es entbehren musste.

Frag es: „Was kann ich tun, dass du mir vertraust?“

Liebe und akzeptiere dein Inneres Kind bedingungslos!

Nimm es in deine Arme! Kuschel mit ihm! Liebe es!

Sei geduldig mit dir!

Du hast schon viele Meilensteine in deinem Leben gemeistert!

Liebe dich, so wie du bist!

Du bist einzigartig und liebenswert!

Kapitel 5

Aus der Fülle der Möglichkeiten

Über die Magie des Geldes

Dieses Kapitel haben möglicherweise viele von euch, ihr lieben Leser, als euer erstes Kapitel aufgeschlagen. Was ja nicht verwunderlich ist, in dieser Zeit, in der sich alles ums Geld dreht.

Ja, ja, das liebe Geld ....

Aber Geld ist auch bloß Energie und hat nur die Bedeutung, die wir ihm geben und was wir davon halten. Wir geben der „Bedeutung Geld" das Gewicht, denn die Energie des Geldes an sich ist neutral.

Erst wenn wir der Thematik „Geld" einen bestimmten Wert geben, erhält es seine Bedeutung für uns.

Bei vielen von uns sind die Finanzen ein sensibles Thema!

Niemand bedenkt dabei, dass sich seine Gedanken ständig im Mangel befinden!

Daran sind starke Emotionen gekoppelt, wie Existenzängste, Neid oder Sorgen.

All diese Gedanken hemmen den Geldfluss!

Denke daran, dass wir durch Kredite, Leasings über lange Zeit das Wohnen in einem schönen Ambiente genießen können und Autos lenken dürfen, die wir uns nicht vorher ersparen mussten!

Elektrizität ermöglicht uns ein angenehmes Leben, viele Dienstleistungen stehen uns zur Verfügung, bevor wir sie bezahlt haben.

Sei dankbar dafür!

Sei dankbar für all das Geld, das du in deinem Leben schon verdient hast bzw. erhalten hast!

Übung:

Schreibe dir alle Begriffe auf, die dir zu finanzieller Freiheit einfallen!

Vielleicht gestaltest du dir deine eigene „Schatzkarte" und gestaltest sie mit Fotos, Bildern, Smileys, ...

Hänge sie an einen für dich stimmigen Platz und erlebe jedes Mal dieses Gefühl, bereits beim „Schatz" zu sein, wenn du sie siehst!

Du bist hier auf dieser wunderbaren Welt, um ein glückliches und erfülltes Leben zu führen. Du darfst in Frieden und Freude im Wohlstand auf allen Ebenen leben. Das ist DEIN Geburtsrecht! Es ist unser ALLER Geburtsrecht!

Du kannst es sogar in der Bibel nachlesen:

„Ich bin gekommen auf dass sie Leben haben und es im Überfluss haben." (Joh. 10.10)

Wir befinden uns im Schlaraffenland. Wir leben sozusagen in der Schatzkammer des Universums!

Deine nächste Frage, die du dir selbst stellst, lautet natürlich:

Was ist zu tun, um „aus der Fülle der Möglichkeiten" zu schöpfen?

Bevor wir jetzt ein wenig ins Detail gehen, möchte ich dir ein paar Infos geben.

Du weißt, wir leben in einem Universum, in dem alles, aber auch wirklich alles, in geregelten Bahnen läuft. Im Kosmos herrscht Ordnung und alles befindet sich in Einklang mit den Gesetzen des Universums, mit den sogenannten „Geistigen Gesetzen“.

In jedem dieser Gesetze findet sich das Geistige Gesetz von „Ursache und Wirkung“, es wirkt natürlich auch im Gesetz des Glaubens:

„Dem, der glaubt, ist alles möglich.“ (Markus, 9.10)

Bist du also wirklich überzeugt, dass dir dieses oder jenes gelingt, du erfolgreich und glücklich bist, ein Leben in Wohlstand und Fülle lebst, dann wird es auch so sein!

Dann wird all das Gute, das du dir vorstellen kannst, auch eintreten, es wird leicht zu erreichen sein.

Leider funktioniert es auch umgekehrt!

Trägst du tief in dir Glaubenssätze, die wie wir wissen, ja in unserem Unterbewusstsein verankert sind, nicht deinen Wünschen entsprechen, so wirkt dieses „Geistige Gesetz“ natürlich auch. So ein Mist!

Positive Affirmationen helfen dir sicherlich über die eine oder andere Hürde! Wenn jedoch ein Glaubenssatz tief in dir verborgen ausstrahlt, dass du dein gewünschtes Ziel nicht verdienst, wirst du immer wieder auf Schwierigkeiten beim Erreichen stoßen!

In diesem Fall empfehle ich dir: Suche dir einen Therapeuten oder Coach oder Mentaltrainer, der mit dir deine inneren Überzeugungen, die dir im Weg stehen, auflöst und dir hilft, deine gewünschten Ziele zu erreichen.

Denn deine Glaubenssätze sind entweder für unseren Wohlstand, Erfolg oder leider auch für unseren Misserfolg verantwortlich.

Unsere Überzeugungen sind ja tief in uns verwurzelt und für das Leben, das wir führen, verantwortlich. Auch wenn wir es nicht gerne zugeben. Wir haben es selbst erschaffen, wenn auch unbewusst. Aber nachdem dir das jetzt klar ist, kannst du es ja ändern!

Laut Murphy sind Geldmangel oder Armut eine „mentale Krankheit."

Wenn du nun soweit bist, dann lenke deine Gedanken auf Reichtum und Fülle. Du programmierst sozusagen deine „mentale Firma" darauf, diese Möglichkeiten auszustrahlen.

Eine Fülle von Möglichkeiten und Gelegenheiten umgibt uns und wartet auf den „Beobachtereffekt"! Das ist ein Ausdruck aus der Quantenphysik, der sagt, dass wir aus allem was ist – also aus der Fülle aller Möglichkeiten – durch die Aufmerksamkeit, die wir darauf richten – das Erwünschte erreichen!

Es liegt jetzt an dir, klare und positive Gedanken über deinen persönlichen Wohlstand zu schaffen und dir genau das Erwünschte in allen Nuancen vorzustellen.

Nur du weißt, was Glück und Wohlstand für dich bedeutet.

Du bist nämlich ein Bestandteil dieser Fülle, du bist ein Bestandteil vom Großen und Ganzen; du bist ein Bestandteil dieser Fülle der Möglichkeiten und deshalb bist auch du Fülle! Eine Fülle von Möglichkeiten, Gelegenheiten, Talenten und Fähigkeiten. All das schlummert in dir und will gelebt werden!

Alles ist für uns verfügbar und vorhanden!

Natürlich in vorausgegangener Absprache mit deiner Inneren Stimme!

Du bist ja schon von Fülle umgeben! Denke mal an die Natur! Sie besteht aus Fülle! Allein die Luft um uns! Jeder kann einatmen, so viel er will!

..... Oder .... Betrachte das Meer! ..... Wenn du am Ufer stehst und die einen Becher davon nimmst, wird es nicht weniger!

Also imaginiere das Erwünschte! Erlebe dich am Ziel (ohne dass ein anderer dafür zu Schaden kommt!). Erfühle die Ergebnisse! Rieche, fühle, erlebe dich! Drücke deine Freude aus und erwirke durch immer wiederkehrende mentale Glücksmomente, so die Ebnung deines Weges zu deinem persönlichen Glück.

Achte darauf, immer ehrlich zu sein!

Vorsicht! Lass nichts irgendwo mal „mitgehen". Das gilt auch für Steuern und Versicherungen. ….weil es ja ohnehin so viel gibt…. Dann darf man sich nicht wundern, wenn uns dann irgendwann was genommen wird!

Oft „stehlen" wir auch unseren Menschen Zeit, Selbstwert oder Selbstachtung!

Gibt dir z.B. die Kassiererin im Supermarkt zu viel Wechselgeld heraus, stecke es nicht ein!

Bleib ehrlich!

In einem meiner Meditationsabende habe ich auch folgende Möglichkeit erwähnt:

Es gibt eine magische Formel für das Bezahlen von Rechnungen: Bedanke dich im Voraus, dass du den Rechnungsbetrag bereits erhalten hast und dir die Unendliche Intelligenz diesen Betrag schon reserviert hat!

Du kannst auch auf jede bezahlte Rechnung DANKE schreiben oder dir immer in Gedanken ein ehrliches „DANKE" denken.

Übung:

Nimmst du dir Zeit für Dinge die du gerne machst?

Bist du bereit, Fülle und Wohnstand anzunehmen?

Mittlerweile weißt du schon – in diesem Buch sind die „echten“ Werte angesagt. Da spielt die Dankbarkeit eine große Rolle.

Die Dankbarkeit für all das Gute, das es bisher in deinem Leben gegeben hat! Überlege mal, was dir bisher schon Gutes begegnet ist.

Wofür könntest du dankbar sein?

Für dein Zuhause....für deinen Wohnsitz....für deine Familie...für deine Freunde....dafür, dass du genug zu essen hast,....für den Wohlstand, in dem du lebst.....(du hast Elektrizität, Heizung, Auto,....). Es gibt so viel, wofür man wirklich dankbar sein kann.

Sei dankbar für alles, was du bereits erreicht hast.

Eine wunderbare Sache ist, den „Zehnten“ an jemand zu geben, dem es nicht so gut geht wie dir!

Du findest sicher eine Möglichkeit, der Allgemeinheit „unter die Arme zu greifen“, zu helfen.

Vielleicht eine Patenschaft für ein Kind, es gibt einige Organisationen, z.B. Word Vision.

Ich unterstütze derzeit ein kleines Mädchen in Mozambique.

Bist du selbstständig, könntest du dir eine „Wohltätigkeitskasse“ einrichten, wo du Personen – die sich deine Dienstleistungen nicht leisten können, aber das genau brauchen was du anbietest – unterstützt?

Um Gutes zu tun braucht man nur den Willen – und gleichzeitig gibt es dir ein richtig gutes Gefühl, wenn du jemandem helfen kannst!

Probiere es einfach aus!

Auf uns wartet auf jeden Fall die ganze Fülle! Sie wartet nur darauf, dass wir das Tor für sie öffnen.

Es gibt mehr Geld auf der Welt als wir je ausgeben können!

Vertraue darauf, dass ein stimmiger Anteil auch in dein Leben gelangt!

Die Höchste Intelligenz sagt immer „JA" zu uns, wenn wir es zulassen!

Geld kann auf den verschiedensten Wegen zu uns kommen. Es gibt so viele Möglichkeiten, an die wir oft gar nicht denken, z.B. ein Gewinn, oder ein Schnäppchen beim Sale.

Sei offen für alle Möglichkeiten!

Aber in dem Moment, in dem wir denken:

- „Wie soll das denn gehen?"
- „Das Glück haben immer nur die anderen."
- „Warum ausgerechnet ich?"

blockieren wir uns sofort wieder!

Lass es zu!

Lass den Wohlstand in dein Leben fließen!

Streiche all die alten, verstaubten Glaubenssätze, die dich am Wohlstand hindern! In dem Moment, in dem wir diese hinderlichen Strukturen ändern, öffnen wir uns für alles Schöne und Wünschenswerte!

Du kannst dir alles wünschen! Es ist aber erfahrungsgemäß von Vorteil, wenn du vorher in einer ruhigen entspannten Stunde hinspürst, ob dein Wunsch auch deinem Energieniveau entspricht.

Deine Innere Weisheit gibt dir die genaue Auskunft!

Möglicherweise passt genau im Wunschmoment der Zeitpunkt noch nicht......oder es ist vorher noch etwas zu erledigen!

Das Ziel für dein Glücklichsein ist nicht, dass alle Wüsche sofort erfüllt werden, sondern, dass sie mit unserem Sein harmonisch sind....... So, dass es uns einfach gutgeht!

Du musst dir auch nicht unbedingt Geld für dein Ziel wünschen.

Du kannst einfach dein Ziel visualisieren!

z.B. wünscht du dir ein Haus im Grünen.......

Dann erlebe dich, wie du bereits dort wohnst, wie es sich anfühlt, welche Geräusche nimmst du dort wahr? Hörst du die Vögel zwitschern, ...spürst du die taufeuchte Wiese, wenn du am Morgen barfuß darüber gehst?....

So kannst du den Umweg über das Geld auslassen!

Die Wege des Universums sind kreativ! Denn die Wirkungsgesetze des Universums sind nicht geradlinig, sondern laufen in blumigen Mustern.

Sei dir gegenüber großzügig! Du hast das Beste verdient!

Heiße die Großzügigkeit in deinem Leben willkommen!

Du kannst das über deinen Körper erleben.

Stell dich in der Stellung des „Pfaus“ aus dem Qi Gong hin.

Das heißt, du machst einen Ausfallschritt, öffnest die Arme ganz weit, dein Blick geht „durch alle Mauern“, d.h......du richtest ihn in die Unendlichkeit des Universums, und sprichst folgenden Satz

„Die zehntausend Dinge des Universums stehen mir zur Verfügung!“

Im Chinesischen steht die Zahl 10000 für die Unendlichkeit.

Übung:

Stell dir vor, wie sich dein Leben verändern würde, wenn das ganze Universum deine Wünsche unterstützt! Verzichte dabei auf vornehme Zurückhaltung – ganz ohne Einschränkungen.

Was du allerdings bedenken sollst ist: Ist dein Herzenswunsch nur für dich? Schädigt er andere?

Es sollte schon so sein, dass deine Wünsche niemandem Schaden zufügen!

Schaffe Raum für das Geld, sodass es in dein Leben strömen kann.

Sei dir immer bewusst, es ist genug für alle da!

Glaube nicht an Konkurrenz!

Halte auch keine Informationen zurück, um nur besser dazustehen!

Aus deinen Erfahrungen können andere lernen – es wird nicht dein Schaden sein, denn deine gelebte Großzügigkeit gibt dir das Gefühl von Weite. All das funktioniert natürlich nur, wenn es ehrlich gemeint ist.

Konkurrenzdenken kostet nur deine Energie!

Abschließend zu diesem Kapitel möchte ich noch über deine Einstellung zu deiner Arbeit sprechen.

Achte bitte auf deine Wortqualität und deine Gedankenqualität über deine Arbeit.

Entsprechen deine Vorstellungen von deiner Arbeit nicht deinem gegenwärtigen Job, so kannst du dir natürlich deine Tätigkeit, mit der du deinen Lebensunterhalt verdienst, genauso visualisieren!

Übung:

Suche dir einen ruhigen Ort, atme so lange tief ein und aus, bis sich ein ruhiges, angenehmes Gefühl einstellt.

Wie würde mein idealer Job aussehen?

Wie und wo kann ich meine Talente und meine Fähigkeiten in meinem Job umsetzen?

Affirmationen wie:

„Ich tue Dinge, die ich liebe!"

„Ich bin glücklich bei meinem Tun!"

„Mein Einkommen wächst ständig!"

unterstützen dich und ebnen dir den Weg.

Übung:

Falls du Lust hast, kannst du dir deine Wünsche auch „aus dem Herzen" schreiben.

Dafür brauchst du nur ein ruhiges Plätzchen und etwas Zeit.

Wenn du magst, kannst du es dir auch bei Kerzenlicht gemütlich machen.

Richte dir bitte einen Stift und ein Blatt Papier her; du legst dir diese Schreibutensilien bereit und schließt dann deine Augen, atme wieder ein paar Mal tief ein und tief wieder aus und schreibe alles auf, was dir zu folgendem Thema in die Feder fließt!

„Ab heute gestalte ich mein Leben zu einem Kunstwerk und lasse alle meine Herzenswünsche in Erfüllung gehen."

„Lass dich überraschen"

Kapitel 6

„The code is love“

Auch im Zusammenhang mit diesem wunderbaren Thema möchte ich dich wieder an deine Gedanken erinnern, die du täglich denkst.

Du redest mit niemandem öfter als mit dir selbst, also sei freundlich zu dir!

Deine Gedanken beeinflussen dein Leben, da kommen wir nicht vorbei! „Was du heute denkst, wirst du morgen sein.“

In diesen und anderen ähnlichen Sprüchen steckt so viel Wahrheit.

Gedanken haben eine elektromagnetische Signatur und wirken auf vielen Ebenen.

Ebenso wirkt das Zusammenspiel deiner Wahrnehmungen wo du lebst, mit welchen Leuten du zusammen bist, welche Filme du gerne siehst, was du gerne liest …. all das beeinflusst dein Denken, dein Handeln und somit auch dein Leben.

Also – deine Wahrnehmung und dein Bewusstsein sind der „Code of life“, wenn du im Leben in Liebe, umgeben von liebevollen Menschen, leben willst, mach einen „Code of love“ daraus!

Du bist der Schöpfer deines liebevollen und glücklichen Lebens.

Meditation ist ein hilfreiches Werkzeug, um dir beim Erschaffen deines liebevollen Lebens zu helfen.

Frage dich während einer Meditation:

„Wie sieht mein authentisches Leben aus?“

„Welches Leben möchte ich leben?“

„Welche Gefühle kommen dabei an die Oberfläche?“

Spiele mit deinen meditativen Eindrücken und achte dabei auf so viel Klarheit wie möglich.

Frage dich auch:

„Wie komme ich dorthin?“

„Was soll ich dazu beitragen?“

„Was ist notwendig?“ .... um die „NOT“ zu „WENDEN?“

Die Antworten liegen in dir .... du erhältst sie aus der „Matrix“, aus dem „Alles was ist“, aus dem „allumfassenden Universum des Seins“.

Du weißt schon .... es ist alles da auf dem großen Buffet des Universums!

Liebe wurde und wird in unzählbar vielen Worten ausgedrückt, niedergeschrieben, gesungen und beschrieben:

Jeder will die Liebe erleben, will sie spüren und in ihr die Erfüllung finden – dabei ist sie dir so nahe ..... sie ist in dir, denn du bist Liebe, du bist ein Geschöpf, ein Wunder der Liebe.

Träume dich in die Liebe, in dieses wunderbare Gefühl ...... in diese einzigartige Emotion!

Träume schaffen magnetische Felder und dein Leben wird durch das geistige Gesetz der Resonanz zum „erlebten Wunder“.

Leider wird die Liebe oft missbraucht: „Mach es mir zuliebe!“

Oder durch Liebesentzug.

Vielleicht ist es auch dir schon passiert, dass jemand zu dir sagte: „Jetzt mag ich dich nicht mehr“ ....

Dabei handelt es sich um reine Machtdemonstration, Manipulation und Egodenken.

Hier steht nur das Ego im Vordergrund und werden die Erwartungen nicht erfüllt, kommt es automatisch zu Spannungen, Streit und Zwietracht.

Liebe ist ja auch nicht gleich Liebe!

Es gibt drei Arten von Liebe:

Eros

Philia

Agape

Eros, die körperliche Liebe.

Philia, die Liebe zu Kindern und Freunden.

Agape, die allumfassende Liebe, diese universelle Liebe, die nichts und niemanden ausschließt.

Um wieder ein wenig mehr deine Selbstliebe zu leben und autonomer zu sein, biete ich dir einige Übungen an.

So bist du in deiner Mitte und gehst deinen Weg und kannst andere ihren eigenen Weg gehen lassen.

Übung:

Nur in der Stille der Meditation hörst du die Stimme deiner Inneren Weisheit!

Finde dich an deinem Ort der Ruhe ein und stelle dir folgende Fragen:

- Wo oder wann liebe ich mich am meisten!
- Wo oder wann liebe ich mich am wenigsten!
- Was kann ich jetzt ändern!
- Wie kann ich es jetzt ändern!

In Wahrheit kannst du dich nicht gegen die Liebe entscheiden, denn die Liebe ist dein natürlicher Zustand! DU BIST LIEBE – von Geburt an!

Geht es dir aus irgendeinem Grund nicht gut, so ist es immer ein Entschluss gegen die Liebe, gegen deinen natürlichen Zustand......

....es ist so ähnlich wie „Luftanhalten“ das ist anstrengend!

.....weiteratmen.....dann wird es wieder leicht..........

Geht es dir nicht gut, sage einfach „Ich liebe mich“, „ich liebe“ oder „ich bin Liebe“ und ziehe deine Mundwinkel nach oben (- dann weiß es dein Körper auch!).

Mehr musst du gar nicht tun, um deinem natürlichen Urzustand der Liebe wieder näher zu kommen!

Übung:

Begib dich in Gedanken in die Zeit und die Emotion, wo du richtig verliebt warst, ...so richtig wunderbar verliebt, ... du spürst sofort, dass deine emotionale Stimmung sofort angehoben ist.

Dein Herz „geht auf“, du schwingst jetzt in der hohen Schwingung der Liebe!

Jetzt stellst du dir vor, jede Zelle deines Seins wird im Augenblick auf Liebe programmiert, du speicherst Liebe in deinem System!

Du verankerst tief in dir diese Emotion der Liebe, im Zellengedächtnis jeder Zelle!

Stelle dir dieses Gefühl 21 Tage vor, täglich ein paar Minuten! – du wirst erstaunt sein, was sich alles verändert.

Bei Bedarf ist diese Emotion jederzeit abrufbar!

Du kannst diese abgespeicherte Liebesschwingung immer wieder reaktivieren und auf Missstände fließen lassen – es relativiert und dir geht es mit der Zeit besser!

Denn Liebe schwingt viel höher als Angst und Wut!

Lass dich überraschen!

Kapitel 7

„Werte des Herzens“

Buddha hat einmal gesagt:

„Was hast du durch Meditation gewonnen?“

„Nichts“

Aber lasse dir sagen, was ich dadurch verloren habe:

„Wut, Zukunftsangst, Depression, Unsicherheit, Angst vor dem Alter und dem Tod“

Die Stützpfeiler unserer Werte heißen:

a) Mitgefühl
b) Achtsamkeit
c) Dankbarkeit und Liebe
d) Vertrauen

Zu a) Mitgefühl:

Willst du im Einklang mit dir selbst und anderen sein, spielt das Mitgefühl für deine Herzqualität eine große Rolle.

Universelle Liebe hat viel mit Mitgefühl zu tun!

Verwechsle es aber bitte nicht mit Mitleid!

Das ist auch so ein Thema. Wie oft sagt man: ....das tut mir leid, ...oder....der tut mir leid.....

Schon die Wortwahl fügt dir unbewusst Leid zu.

Achte bitte auf deine Worte und Gedanken.

Du kannst mit diesen Menschen Mitgefühl haben, du solltest aber nicht „mitleiden" .... Mitleid ist ein Energievampir!

Alleine die beiden Wörter „Mitleid" und „Mitgefühl" haben eine andere Wortqualität!

Hier ist mir ein wunderbarer Spruch für euch „zugefallen"-

„Mitgefühl kann man üben, wenn man der Melodie der Seele folgt."

Nun habe ich wieder einige Übungen, die ich dir zum Thema Mitgefühl anbieten kann:

Übung:

Wörter, die meine Seele wärmen,

Ideen, um nett zu mir zu sein,

Dinge, die ich ausprobieren möchte.

Höre immer wieder in dich hinein und spüre, was dir guttut. Das kann täglich sehr unterschiedlich sein!

Mach es immer wieder und du wirst sehen, wie du dir gegenüber immer empathischer wirst. Das Erstaunliche dran ist, dass du gleichzeitig auch deinen Mitmenschen gegenüber mehr und mehr einfühlsamer und empathischer wirst.

Immer mehr wirst du fühlen, wie es deinem Gegenüber geht… ist jemand glücklich, traurig, zornig….?

Du kannst dann in der „Energie des anderen lesen" oder in „den Mokassins des anderen" wandern.

Übung:

„Welches Energiegeschenk kann ich meinem Gegenüber machen?“

So kann ich mit aufbauenden Worten oder auch mit einer Berührung dem anderen zeigen, dass er nicht allein ist.

Erteile aber bitte keine „Ratschläge“ – das ist wieder so eine Ego-Sache!

Denn im Wort steckt schon ...dein gut gemeinter Rat kann für den anderen ein schmerzhafter Schlag sein.

Aufbauende, helfende Worte und eine Umarmung tun dem Betroffenen gut und zeigen ihm, dass er nicht allein ist.

Für dich ist eines sehr wichtig:

Grenze dich energetisch immer wieder ab.

Mache dein persönliches „Abgrenzungs – Update“.

Suche ein für dich stimmiges inneres Bild der Geborgenheit und Sicherheit.

Ich stelle mir dann immer vor, dass ich in einem Ballon aus Licht stehe und nur positive Energie zu mir durchkommen kann.

Alles Negative bleibt draußen!

Du kannst auch alles, was dir wichtig ist, in diesen Lichtballon stellen.

Deine Familie, dein Haus, dein Auto, deine Finanzen ....

Zu b) Achtsamkeit:

Je mehr du dich in Achtsamkeit übst, umso näher kommst du deinem persönlichen Glück!

Deine Empfindungen sind dein persönlicher Wegweiser in deine nur für dich stimmige Richtung! Denn nur du weißt, was dir in dem Moment guttut!

Du lebst IMMER im JETZT!

Nicht gestern oder morgen … oder in zwei Stunden……

Deine Achtsamkeit deines Wohlbefindens ist immer eine Sache deines gegenwärtigen Empfindens!

Eine kleine Übung, die du immer und überall sofort einbauen kannst:

Übung:

Was spüre ich gerade in genau <u>diesem</u> Moment?

Wie kann ich dieses Gefühl ins Positive optimieren!

Oder: Wie kann ich es noch, wenn es ohnehin ein angenehmes Gefühl ist, toppen?

Diese Fragen stellen wir uns viel zu selten, denn sie sind eigentlich der Schlüssel zum Glück.

Durch deine Achtsamkeit dir gegenüber findest du im JETZT zu dir, zu deinem wahren Selbst, zurück!

Du kannst dich immer auf diese Mitteilungen deiner Inneren Weisheit verlassen!

Sie ist das beste und zuverlässigste Navi durch dein Leben!

Du kannst dich immer auf die Macht deiner Gefühle verlassen.

So kannst du die Welt und jeden Tag achtsam neu entdecken! Du nimmst dich immer liebevoller an und reihst so einen glücklichen Moment nach dem anderen in dein Leben.

Auch wenn wir immer mehr und mehr im Jetzt leben, heißt das natürlich nicht, dass wir nicht planen dürfen! Im Jetzt leben ist für uns ein wunderbares Achtsamkeitstraining.

Noch eine kleine Achtsamkeitsübung:

Übung:

Ich bin jetzt hier.

Beobachte dich achtsam.

Was spürst du gerade?

Wie fühlt sich deine Kleidung auf der Haut an?

Wie fließt dein Atem?

Wie spürst du den Boden unter deinen Füßen?

oder – der Sessel unter deinem Po?

Übung:

Achtsamkeitsübung für daheim:

Beobachte ca. 10 Minuten irgendetwas (Haus .... Blume, ... erkenne Details, Farbunterschiede, Bewegungen, Gerüche, ...

Erkenne die Kraft des Augenblicks.

Psychologen bestätigen:

Achtsamkeit bewirkt nachweislich

- die Verminderung von Stress
- eine erhöhte Lebenszufriedenheit
- positive Effekte bei Ängsten
- Körper reagiert mit einem stärkeren Immunsystem

Zu c) Liebe und Dankbarkeit

Wir wissen schon aus den vorausgegangenen Kapiteln, dass Liebe und Dankbarkeit zwei kraftvolle Energien sind.

Beim Recherchieren habe ich aber noch etwas Interessantes entdeckt, das ich euch nicht vorenthalten möchte, nämlich, dass es verschiedene „Sprachen der Liebe“ gibt.

Es ist nämlich so, dass jeder von uns „anders“ liebt, vielleicht eine andere „Liebessprache“ spricht.

Ist das der Fall, so wird es unweigerlich zu Missverständnissen kommen.

z.B. wird einem „Kuscheltyp“ ein „nicht kuschelnder“ Partner lieblos vorkommen, egal wie oft er die Reifen wechselt.

Lob und Anerkennung

Du brauchst anerkennende Worte....

z.B. „wie hübsch du bist“

„das hast du gut gemacht“ usw.

Mark Twain: „Von einem Kompliment kann ich 2 Monate leben!“

Zweisamkeit

Dir genügt es nicht, nur im gleichen Raum zu sein und jeder tippt in sein Handy.

Oder dir genügt es nicht, nur gemeinsam fernzusehen.

Dir ist „Quality of time“ wichtig!

Geschenke

sind der beste Liebesbeweis für dich... und zwar nicht nur zu Anlässen.... Geschenke sind ein Liebesbeweis, den man anfassen kann. Diese Geschenke können ganz einfach und kleine Aufmerksamkeiten sein. Z.B. eine Blume am Wegrand bei einem gemeinsamen Spaziergang.

Hilfsbereitschaft

Du brauchst keine Herzen, Maschen, Blumen, Kärtchen, ... für dich ist die Mithilfe des Partners wichtig. Er oder sie unterstützt dich beim Kochen, Waschen, ...

Zärtlichkeit

Du brauchst Zärtlichkeit, unbewusst oder bewusst! Eine wohltuende Rücken- oder Fußmassage sind ein wunderbarer Liebesbeweis; Arm in Arm fernsehen.......

Dankbarkeit

Unser Leben birgt viele Möglichkeiten um dankbar zu sein, denn vieles ist zur Selbstverständlichkeit geworden.

Unsere Wohnqualität, Essen, ...viele von uns müssen abnehmen, weil wir im Überfluss leben!

Übung:

Schreibe dir einen Brief der Dankbarkeit!

Beginne mit:

Liebe / er ....! (setze hier deinen Namen ein)

Erinnere dich an drei glückliche Momente, die in letzter Zeit besonders schön waren, für die du dankbar sein kannst.

Es können kleine Momente gewesen sein, wie eine Tasse Kaffee oder Tee in gemütlicher Atmosphäre, ...also kleine Momente, die das Leben verzaubern können!

Übung:

Wem bin ich derzeit dankbar? Wofür?

Wem sollte ich Dankbarkeit zeigen? Wie?

Vielleicht legst du dir ein kleines Dankbarkeitstagebuch zu, wo du diese Dankbarkeitsmomente festhältst.

Zu d) Vertrauen

- Vertrauen in mich selbst

Übung:

Wo kann ich mir zu 100 % vertrauen?

Wo nicht? Wo zweifle ich?

- Ich optimiere mein Verhalten als stimmiger, liebevoller Mensch.

Ich kann nicht den Weltfrieden machen, aber ich kann Frieden in mir selbst machen und für mich ein ehrliches Wohlwollen schaffen.

So trägt jeder auch ein bisschen zum Frieden in der Welt bei

- Vertrauen in die Innere Weisheit

Du weißt, deine Innere Weisheit, deine Intuition ist immer bei dir. Sie ist dein bester Ratgeber und du kannst sie immer und überall zu Rate ziehen!

In der Stille hast du immer Zugang zu deinem Inneren Wissen, wo

alles Gegenwärtige,

alles Vergangene und

alles Zukünftige gespeichert ist.

Goethe: „Welch eine himmlische Empfindung ist es, seinem Herzen zu folgen!“

Deine Innere Weisheit gibt dir die Gewissheit bei allen Entscheidungen, die du treffen musst oder treffen willst: bei Veränderungen beruflicher oder privater Art.

Wenn du merkst, eine Veränderung ist notwendig, frage deine Innere Weisheit

„Ist jetzt der richtige Zeitpunkt oder soll ich noch warten?“

„Was kann ich jetzt tun?“

Du kannst dir sicher sein, du bekommst die richtige Antwort ... auch wenn sie dir augenblicklich nicht gefällt. Im Nachhinein wirst du die Gewissheit haben, dass diese Entscheidung richtig war. Sie erspart dir sicher eine Menge Ärger, Zeit und Geld!

Hinterfrage aber bitte genau: Hörst du wirklich deine Intuition oder spricht dein Ego?

Übung:

Eine kleine Übung für den Tag

„Was macht mich heute besonders glücklich?“

Ernst Ferstl: „Wenn wir Freude am Leben haben, kommen die Glücksmomente von selber!"

Je öfter du in dich hineinhörst, desto mehr wirst du durchs Leben schlendern!

Je öfter du deiner Seelenstimme vertraust, umso weniger haben wir das Gefühl, etwas versäumt zu haben!

Je mehr Vertrauen wir in uns selbst tragen, umso weniger werden wir das Gefühl haben, von anderen enttäuscht zu werden und umso weniger wird unser Vertrauen missbraucht.

Das Geistige Gesetz der Resonanz wird sofort spürbar:

Trage ich die Frequenz des Vertrauens in mir, schwinge ich im Vertrauen und erfahre ich Vertrauen!

Das Leben ist also keine „to do Liste", sondern eine „to be Liste" / oder: „Das Leben sollte keine Schnellstraße von der Wiege bis zum Tod sein, sondern ein Parkplatz an der Sonne.

Kapitel 8

Schenke deiner Zeit die stimmige Essenz

Wenn wir über Zeit sprechen, was meinen wir da?

z.B. Unser Tagesablauf: Er wird von Zeit bestimmt. Wir stehen zu einer bestimmten Zeit auf, haben geregelte Arbeitszeiten, Essen zur Mittags- und Abendzeit.....

Meistens verbinden wir mit dem Thema das Messen von Zeit. Zeit vergeht, sie fließt so regelmäßig dahin......

Stimmt denn das überhaupt?

Warum vergehen dann manche Stunden wie im Flug und andere dehnen sich so unendlich dahin?

Die erlebte Zeit findet tatsächlich in unserem Bewusstsein statt!

Das Wahrnehmen von Zeit gehört zu unseren komplexesten Fähigkeiten, dabei wirken fast alle Funktionen des Gehirns zusammen.

Das Auge erkennt die Wellenlängen des Lichts.

Das Ohr erkennt Schallfrequenzen.

Die Haut erkennt Temperaturen.

Es gibt tatsächlich kein Sinnesorgan, das die „physikalische Größe Zeit" wahrnehmen kann.

Um Zeit wahrnehmen zu können, muss unser „Gehirn" Umwege machen.

Kurze Zeitabschnitte wie Sekunden oder Minuten nehmen wir über die Gehirnregionen wahr, die für die Bewegungssteuerung zuständig sind.

Längere Zeitabschnitte wie Monate oder Jahre kommen aus der Erinnerung.

Zeit ist relativ.

Unsere Zeit auf diesem Planten als dieser Mensch, der du bist, ist ein megaklitzekleines Zeitfenster im Ablauf des Kosmos.

Kaum sind wir angekommen im genialen Zeitgefüge, sind wir auch schon wieder verschwunden in eine unendliche Wirklichkeit.

Die Erfahrung von Zeit einer uralten, vielleicht 2000 Jahre alten Eiche, die schon so unendlich viel erzählen könnte, ist eine komplett unterschiedliche als die, wie du sie erlebst.

Auch ein Kind nimmt Zeit anders wahr als ein alter Mensch.

Als Kind kann dir die Zeit nicht schnell genug vergehen und der alte Mensch möchte sie am liebsten anhalten!

Ein kranker Mensch erfährt die Zeit anders als ein gesunder.

Und trotzdem ist es so - alles hat seine Zeit!

„In der Ruhe liegt die Kraft!"

Wie wahr!

Ich meine damit nicht, dass wir uns mit Nichtstun die Zeit vertreiben sollen, sondern will damit eines klarstellen:

Wer immer wieder in Hektik verfällt, wird seinem Ziel immer „nachjagen" und ihm nicht ruhig „entgegengehen"!

Du kennst auch das Gefühl der Zeit des absoluten Glücks.

Dietrich Grönemeyer benennt es so:

„Es ist wie das Surfen auf der Welle der Ewigkeit!"

Jeder von uns hat das Gefühl schon einmal erlebt, wenn alles übereinstimmt, wenn alles synchron läuft, dann hast du das Gefühl, als würde die Zeit stillstehen.

z.B.

- In dem Augenblick, in dem du in den Augen deines /deiner Lieben versinkst,
- Wenn du nach einem Aufstieg am Gipfel eines Berges stehst und vor dir breitet sich die Welt in ihrer bunten Vielfalt aus,
- wenn du nach langem und intensiven Lernen eine Prüfung bestanden hast,
- wenn du ganz und gar in einer Melodie aufgehst

Übung:

Wann ist für mich in einem wunderbaren Moment scheinbar die Zeit still gestanden?

In der Sufi Mystik gibt es den Kreislauf Zeit und den Kreislauf Liebe.

Rumi: „Trete aus dem Kreislauf Zeit in den Kreislauf der Liebe."

Durch die Meditation kannst du nun deiner Zeit immer die stimmige Essenz geben!

Wenn du am Morgen deinen Tag mental vorauserlebst: - Du stellst dir also deinen Tagesablauf in deiner Vorstellung so optimal wie möglich vor, gehst genau in das wunderbare Gefühl, alles verläuft bestens, wird dein Tag in ruhigeren Bahnen als in stressigen verlaufen.

Egal was du tust ....ob du an deinem Arbeitsplatz bist, deinen Haushalt auf Vordermann bringst oder ein Buch liest, ob du sportelst oder einfach nur so da sitzt und ins Blaue des Himmels schaust, ...

Solange du es bewusst und gelassen machst, du in deiner Tätigkeit voll und ganz aufgehst, du dich im Flow befindest – dann erfährst du Zeitlosigkeit!

Es ist dieses Glücksgefühl, das aufkommt, wenn du dich im Fluss des Lebens befindest...........

„Panta rhei“ ....alles fließt.

(Wikipedia: Heraklith „Panta rhei“, altgriechisch – alles fließt und nichts bleibt; es gibt nur ein ewiges Werden und Wandeln)

Jeder von uns hat auch sein eigenes Tempo. Verwechsle Tempo nicht mit Geschwindigkeit. Es bedeutet wesentlich mehr!

In unserer schnelllebigen Zeit macht sich immer mehr der Begriff „Entschleunigung“ breit.

Sei dir bewusst, dass du dir immer genügend Auszeiten gönnst oder durch bewusste Langsamkeit zur Ruhe kommst.

Übung:

Halte gerade in turbulenten Zeiten inne und gönne dir ein paar tiefe Atemzüge. Atme ungefähr 10 Mal allen Stress, alles Belastende aus und konzentriere dich dann ungefähr 10 Mal darauf Ruhe, Entspannung und Glück einzuatmen!

Diese kurze Übung bringt dich wieder in deine Mitte und du kannst konzentriert und effizienter mit deinem Tun weitermachen.

Wenn es dir möglich ist, bestimme deine Zeit selbst!

Lass dich nicht von anderen dirigieren!

Sag nur „ja“, wenn es ein ehrliches „ja“ bedeutet.

Glaub mir, man kann auch liebevoll „nein“ sagen, sodass es dein Gegenüber wirklich, ohne beleidigt zu sein, versteht.

Nur du selbst kannst bestimmen, ob du dir deine Zeit rauben lässt und nur du bist verantwortlich für deine „Zeitqualität“!

Finde immer wieder deinen eigenen Rhythmus!

Willst du das Wort Rhythmus definieren, kommst du schnell darauf: „Rhythmus“ kennt auch Pausen!

Es ist eine Abfolge von schnell und langsam......

Rhythmus ist lebendig!

Übung:

Wie sieht mein eigener Rhythmus aus?

Wann brauche ich mehr Bewegung?

Wann sind derzeit Ruhephasen nötig?

Wann läufst du zu deiner Hochform auf?

Arbeitest du lieber alleine oder im Team?

Die Meditation ist eine Möglichkeit, sich die Essenz seiner Zeit wesentlich zu verbessern!

So kannst du immer gelassener deinen Anforderungen gerecht werden und dein Leben in deiner Stimmigkeit leben.

Meditation muss nicht an einem bestimmten Ort stattfinden oder zu einer bestimmten Zeit geschehen.

Es kann in jedem Moment geschehen!

...beim Musikhören

...beim Sporteln

Ich z.B. konnte viel Stress beim gemütlichen Laufen in der Natur loswerden.

Die Wunder der Natur bieten dir unendliche Möglichkeiten, deine Batterien wieder aufzuladen.

Suche dir z.B. einen Baum und lehne dich an ihn.

Du spürst sofort die Ruhe der Ewigkeit und fühlst in kürzester Zeit inneren Frieden.

Meditation ist allerdings am wirksamsten, wenn du sie bewusst durchführst.

Meditierst du bewusst, befindest du dich in einem Zeitfenster – in einem Raum – „dazwischen“ – „in between“. Dort wo gleichzeitig Ruhe, Intensität und Wachsamkeit stattfindet.

Gerade wenn dein Alltag vollgestopft ist mit Terminen, Pflichten und Routine, wenn die leisen Botschaften der Seele überhört oder totgeschwiegen werden, gönne dir genau dann eine kleine mentale Auszeit!

Übung:

Stell dir vor: Du bist eine wunderschöne Insel. Du bist fest verbunden mit dem Meeresboden und weder Stürme, überschäumende Wogen oder stürmische Zeiten können dich aus der Bahn werfen.

Du bist ein ruhiger Fels in der Brandung.

Regen lässt alles abfließen, was nicht mehr zu dir gehört und wenn die Sonne alles mit ihrem Licht und mit ihrer Wärme trocknen lässt, können Samen keinem und Neues kann entstehen.

Du erstrahlst in neuem Glanz!

In diesem Hafen dürfen nun Schiffe anlegen, die du gerne bei dir ankern lässt!

Du genießt dieses Gefühl der Stärke, der Ruhe und deiner natürlichen Souveränität!

Abschließend zu diesem Kapitel möchte ich noch wunderschöne Sprüche mit dir teilen, die ich mal gelesen habe, von denen ich aber leider nicht mehr weiß, wer der oder die Urheber sind:

„Du kannst dein Leben in ein Paradies verwandeln, wenn du deine Gedanken in ein Paradies verwandelst!"

„Deine Gedanken sind die Ursache, dein Leben ist die Wirkung!"

Goethe: „Die Zeit ist unendlich lang und jeder Tag ein Gefäß, in das man viel einfließen lässt, wenn man es wirklich will!" (Aus: Dichtung und Wahrheit)

Abschließend für dich will ich dir die Möglichkeit bieten, deine Herzenswünsche, die dich vielleicht schon wie ein roter Faden durchs Leben begleiten, mit Hilfe von Meditation bewusst wahrzunehmen.

Denn jeder Herzenswunsch ist deine Bestimmung!

Alles was du gerne sein, tun oder haben willst, liegt bei dir!

Achte darauf, dass dabei niemand zu Schaden kommt!

Du bist hier, um Dein Leben zu genießen!

Es ist Zeit, deine Vision zu leben!

Nur du erkennst, wer du wirklich bist!

Du brauchst nur in die Stille zu gehen und hinzuhören:

Ganz unabhängig davon, wie dein Leben bisher verlaufen ist, du kannst sofort Einfluss darauf nehmen!

Jederzeit ist es dir möglich:

„Aus dem Drama deines Lebens eine Komödie zu machen!“

(Johanna Kern-Flois)

Du spürst in dir deine Talente, Begabungen, Visionen und Träume!

Du spürst auch eine stete Dynamik, die nach außen will!

In deinen Zellen spürst du intuitiv die Energie, die alles ins Stimmige transformieren will............

WAS ...... WÄRE ...... WENN?

WAS WILL GELEBT WERDEN?

Wie fühlst du dich als wäre es bereits Realität!

Erlebe dich mit all deiner Freude wie du voll Begeisterung in deinem Sein aufgehst!

Du bist der/die Hauptdarsteller/in in deinem Leben!

In der allumfassenden Matrix ist schon alles vorhanden, für dich vorbereitet – die Fantasie ..... deine Vorstellungskraft, deine Gefühle, ... deine Visionen, ... dein Visualisieren ist der Schlüssel zum Glück!

Schalte alle Zweifel aus!

Frage dich:

- „Was kann ich jetzt als 1. Schritt zu meinem Ziel tun?“
- „Was bin ich ab sofort bereit dafür zu tun?“
- „Denke groß!“

Die Welt braucht genau das, was jeder Einzelne von uns zu bieten hat!

Lebst du im Einklang mit deinem Lebenszweck, mit deiner inneren Wahrheit, so werden wir vom Universum bei allen unseren Vorhaben unterstützt.

Einschlägige Themen wurden nun ausführlich besprochen.

Bei manchen Inhalten wirst du dir gedacht haben: „Na, das ist nichts Neues“, das mache ich sowieso.

Du hast dir im Laufe deines Lebens ähnliche Strategien geschaffen und handelst intuitiv richtig.

Deine Resonanz ist positiv und mit Freude erfüllt.

Möglicherweise gibt es aber auch Inhalte, die dir immer wieder zu schaffen machen, die dich auch schon in die Knie gezwungen haben.

Sei es nun ein berufliches, partnerschaftliches, finanzielles oder gesundheitliches Problem .....

Genau diese immer wiederkehrenden Thematiken wollen betrachtet und gelöst werden.

Sie wiederholen sich so lange und so oft, bis man nicht mehr wegschauen kann!

Kommst du allein nicht weiter, bitte suche dir einen/eine Fachmann/Fachfrau deines Vertrauens und löse diese alten Geschichten auf, es erleichtert so ungemein.

Schwere Lasten, die du vielleicht schon lange Jahre mit dir geschleppt hast, lösen sich schneller auf als du denkst!

- Manchmal liegt uns etwas schwer im Magen, ist schwer verdaulich, ...
- Vieles kann oder will man nicht mehr hören oder sehen, ...
- Oder du hast etwas auf dem Herzen, das du nicht auszusprechen wagst, ...
- Erlebnisse, die tief in unserem Unterbewusstsein abgespeichert sind, haben den einen oder anderen vor Angst bewegungsunfähig gemacht, ...
- .... Löse deine Geschichten, falls es welche gibt, ... immer jetzt! Oder sobald es dir möglich ist!

Lebe vor allem immer JETZT!

Ich wünsche dir eine wunderbare Zeit in einem wunderbaren JETZT!

Liebe, lache, lebe, JETZT!

Finale: Hilfreiche Meditationen

Nur so nebenbei....

Meditation ist eine Investition in deine Zeit, aber ein großer Gewinn an Lebensqualität.

Du wirst dich nach jeder JEDER Meditation mentaler und körperlicher fitter fühlen.

.. Du weißt, meditieren kannst du überall.

Am besten wäre natürlich ein ruhiges Plätzchen.

Mache dir dieses Plätzchen nach deinem Geschmack so bequem wie möglich!

Vielleicht möchtest du gerne Kerzen oder Räucherstäbchen, es ist aber nicht notwendig.

Entspannende Musik ist hilfreich, um in die Ruhe zu kommen. (Da findest du Meditationsmusik im Internet)

Wenn ich meditiere, beginne ich immer so:

„Ich schließe meine Augen und atme tief ein und tief wieder aus..."

Eine beliebte und sehr wirkungsvolle Meditation ist die

Lichtmeditation.

Du kannst dir vorstellen, dass du über ein weit offenes Herz einatmest und über das Solarplexus Chakra, das vorne unter dem Brustbein liegt, wieder ausatmest.

Das machst du so lange, bis du ganz ruhig bist. Dann visualisierst du, wie du an irgendeinem schönen Platz in der Sonne sitzt und das Licht der Sonne in deinen Körper fließt!

Stell dir deinen Körper als wunderbares Gefäß vor, das nun mit dem strahlenden Sonnenlicht geflutet wird!

Es fließt vom Scheitel bis zur Sohle, hin in jede Zelle unseres wunderbaren Körpers.

Solltest du irgendwo im Körper eine Verspannung fühlen oder ist irgendwo eine Störung aufgetreten, lass das Licht dort länger wirken!

Fülle dich an mit dem wunderbaren Licht der Sonne, bis du selbst zu strahlen beginnst!

Lächle!

Und hülle dich in Licht!

Lass nun das Licht auch über deinen Körper hinausfließen und fülle damit deine Aura mit diesem einzigartigen Licht!

Genieße dieses Leuchten, dieses Strahlen!

Mach das solange, bis du das Gefühl hast, dass jetzt deine Ressourcen wieder aufgefüllt sind.

Du machst dadurch dich und somit die Welt ein bisschen heller!

Mit dieser einfachen Übung wirst du erstaunt sein, was sich alles in deiner Umgebung zum Positiven verändert.

Lichtdusche

Diese Übung kannst du schnell immer und überall anwenden, wenn du das Gefühl hast, irgendetwas haftet an dir, das dir unangenehm ist.

Meistens nimmt man so ein Gefühl wahr, nachdem man sich unter vielen Leuten aufgehalten hat.

Es funktioniert ganz einfach und du spürst seine angenehme, befreiende Wirkung sofort.

Du stellst dir vor, über dir befindet sich eine Dusche, aus der klärendes, reinigendes Licht fließt!

Diese imaginäre, magische Lichtdusche kannst du dir so lange vorstellen, bis ein Gefühl der Sauberkeit, der Leichtigkeit oder der Freiheit entsteht!

Kristallmeditation

Um deine Chakren zu pflegen, schlage ich dir eine wunderbare Meditation vor, die ich über alles liebe.

Wieder suchst du dir einen bequemen Platz, atmest tief ein und tief und entspannt wieder aus, bis du immer ruhiger und ruhiger wirst.

In deiner Vorstellung gehst du einen Weg entlang, bis du zu einer magischen Pyramide kommst.

Dir ist erlaubt einzutreten und du bist fasziniert.

In dieser Pyramide sind unzählige Kristalle!

Ein wunderbares Kristallprisma befindet sich in der Spitze der Pyramide, wo durch eine Öffnung das Licht der Sonne dieses Kristallprisma in allen Regenbogenfarben zum Funkeln bringt.

Exakt unter diesem Prisma befindet sich ein bequemer Stuhl, der für dich bereitgestellt ist.

Du nimmst Platz, genießt dieses Gefühl und nun lässt du durch deine Gedankenkraft die Farben des Regenbogens in deinen Körper fließen.

Zuerst fließt ein kräftiges Rot,

dann ein leuchtendes Orange,

anschießend ein funkelndes Gelb,

darauf folgt ein wunderbares Grün, vermischt

mit einem satten Rosa.

Nachher badest du in einem klärenden Hellblau, das in ein beruhigendes Dunkelblau wechselt und in einem strahlenden Violett ausklingt.

Zum Abschluss durchdringt dich ein atemberaubend glitzerndes Gold!

Genieße dieses Licht- und Farbenspiel der jeweiligen Farbenergie solange, bis du das Gefühl hast, die nächste Lichtqualität fließen zu lassen.

Jede dieser Farben harmonisiert ein Chakra.

Rot – Wurzel Chakra (am tiefsten Punkt des Beckens)

Orange – Sakral Chakra (zwischen Wurzel- und Solarplexus)

Gelb - Solarplexus Chakra (unterhalb des Brustbeins)

Grün/Rosa - Herz Chakra

Hellblau - Hals Chakra

Dunkelblau - Stirn Chakra / „Drittes Auge“

Violett - Scheitel Chakra

Gold - „Ka“, befindet sich ca. 40 cm oberhalb des Scheitels

Atemreinigung

Zum Abschluss eine Übung, die du wieder immer und überall anwenden kannst.

Sehr einfach!

1) Du atmest bewusst durch die Nase frische, saubere Energie ein - und durch den Mund alles, das dich … nervt …

… kränkt …

… stresst …

also alles, was du im Augenblick loswerden willst, aus.

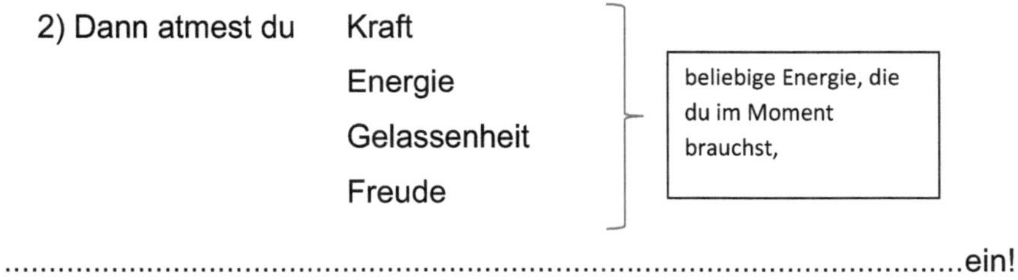

Ich schließe nun mit den magischen Worten meiner lieben Freundin Johanna Del Arte de Austria:

„Alles regelt sich zum Besten“

(Übrigens: Diesen Satz 3 Mal hintereinander gesprochen wirkt Wunder!)

Danksagung

Ganz zu Beginn gehört mein großes Dankeschön meinen beiden Söhnen. Sie haben viel mitgetragen in der Zeit, wo bei uns in der Familie die Wogen hochschwappten.

Oft waren sie ungewollt passive Teilnehmer, wenn mein Mann und ich ziemlich heftige Differenzen hatten.

Danke Daniel und Julian!

Danke, dass ihr so wunderbar eure Wege meistert!

Ich liebe euch!

Danke auch an alle meine „Förderer" und „Forderer", die mir so manche, anfangs scheinbar unüberwindbare Hürde vor mich stellten, die doch letztendlich gemeistert wurde. Wo ich auch ein bisschen mit Stolz zurückblicke, mit der Gewissheit: „Ich habe es geschafft!"

Ein großer Dank gebührt dir, liebe Rita!

Wo ich dieses wunderbare Werkzeug des Mentalen Trainings, des Bewusstseins- und Intuitionstrainings kennenlernen durfte. Mit deiner Hilfe wurde immer ein wunderbarer Weg aus einem scheinbar unlösbaren Problem gefunden. Es ist immer wieder eine Bereicherung eines deiner Seminare zu besuchen.

Danke an alle meine Freundinnen und Freunde, die immer ein offenes Ohr für mich haben.

Danke dir, liebe Martina, für ungezählte - wie wir sie nennen - Therapieläufe….. wir haben so vieles während unseres morgendlichen Laufens ausgesprochen und losgelassen!

Liebe Heidi! Danke dafür, dass du dieses Buch ins Reine schreibst und für deine so wertvolle Sachlichkeit!

Ich umarme dich!

Ein großes Dankeschön für dich, lieber Fritz, für deine Hilfe und deine unerschöpfliche Geduld.

Last but not least gilt der Dank allen, die dieses Buch möglich machten!

DANKE

Quelle

- „Worauf es wirklich ankommt“ –Prof. Mag. Margarita Zinterhof
- „Vertraue der Weisheit in dir“ – Prof. Mag. Margarita Zinterhof
- „In der Weisheit der Schöpfung geboren“ – Prof. Mag. Margarita Zinterhof
- „Das LOL^{2}A Prinzip“ – Rene Egli
- „Unterwegs in die nächste Dimension“ – Clemens Kuby
- „Heilung, das Wunder in uns“ – Clemens Kuby
- „Wahre Kraft kommt von innen“ – Louse Hay
- „Die Botschaft des Wassers“ – Masaru Emoto
- „Im Einklang mit der göttlichen Matrix“ – Gregg Braden
- „Du bist das Placebo“ – Dr. Joe Dispenza
- „Werde über natürlich“ – Dr. Joe Dispenza
- „Lieben heißt die Angst verlieren“ – Gerald G. Jampolsky

Printed by Books on Demand GmbH, Norderstedt / Germany